U0038639

蠻子、漢人與羌族

王明珂

著

三民書局

⬆ 理縣蒲溪溝的高山村寨及附近農田

⬆ 由村寨俯視三龍溝　羌族地區流行的漢話稱一條山谷為「溝」。

⬆ 茂縣牛尾巴寨的冬景

↑ 上山放羊與採菌子

松潘附近的森林

松潘小姓溝的高山村寨
背後的雪山是「格日囊
措」山神所居。

⬆ 茂縣牛尾巴的羌族少女

⬆ 茂縣街上買賣野雞

↑ 茂縣黑虎溝的石碉樓　岷江上游村寨人群築石碉樓的傳統，早見於中國漢代文獻之中。

↑ 松潘小姓溝的高山草場，在夏季開滿了野花。

↑　春節前夕的茂縣街頭　茂縣是藏、羌、漢、回各族
聚居之處。

↑　茂縣牛尾巴羌族的年節儀式　此儀式象徵抵抗外敵
的戰爭過程。

文明叢書序

　　起意編纂這套「文明叢書」，主要目的是想呈現我們對人類文明的看法，多少也帶有對未來文明走向的一個期待。

　　「文明叢書」當然要基於踏實的學術研究，但我們不希望它蹲踞在學院內，而要走入社會。說改造社會也許太沉重，至少能給社會上各色人等一點知識的累積以及智慧的啟發。

　　由於我們成長過程的局限，致使這套叢書自然而然以華人的經驗為主，然而人類文明是多樣的，華人的經驗只是其中的一部分而已，我們要努力突破既有的局限，開發更寬廣的天地，從不同的角度和層次建構世界文明。

　　「文明叢書」雖由我這輩人發軔倡導，我們並不想一開始就建構一個完整的體系，毋寧採取開放的系統，讓不同世代的人相繼參與，撰寫和

編纂。長久以後我們相信這套叢書不但可以呈現不同世代的觀點，甚至可以作為我國學術思想史的縮影或標竿。

2001 年 4 月 16 日

三版說明

　　王明珂教授專精之研究領域包含族群認同與歷史記憶、中國民族的歷史人類學研究等等，其專注於探討人群的認同如何成形、如何被建構，研究成果豐碩。本書《蠻子、漢人與羌族》是教授實際走訪四川西部田野調查的心血結晶，內容述及今日川西北羌族的生活型態、羌族自我認同的發展以及其與周邊人群的互動。

　　此次再版，為因應現代出版的潮流，本書除了調整內文間距及字體編排，更重新設計版式與封面，期許能夠帶給讀者更為輕鬆、舒適的閱讀體驗。我們期望讀者在閱讀此書時，眼前能浮現羌族人們生動的模樣，也希望帶給讀者不同的啟發、重新思索民族與歷史的建構。

編輯部謹識

自　序

在中國五十五個少數民族中有一個羌族，居住在成都平原的西北山間。西邊是人口約五百六十萬的藏族，南邊是人口六百五十萬的彝族，東面則是人口十二億的漢族。然而，羌族只有二十二萬人左右。雖然如此，根據中國文獻記載，這可是一個歷史悠久，在過去曾族繁勢盛的民族。

遠在匈奴、鮮卑還未出現時，羌人就已經是商代甲骨文中所描述的「敵人」了。到了約一千年後的漢代，匈奴與中國在北方打打談談，但最後讓東漢帝國結束的邊亂卻是西方甘肅、青海一帶的羌人。東漢的「羌亂」，使得東漢帝國元氣大傷，這是讀中國歷史的人都熟知的。匈奴、鮮卑消失在中國歷史之後，中古時期的突厥、契丹、回紇等民族相續雄霸大漠南北。到了明清時期，這些草原部族早已成了漫漫黃沙中的枯骨，沉寂

於歷史之中。然而，此時羌人仍在中國西疆與中國頑抗。時至今日，匈奴、鮮卑、突厥、契丹、回紇等都是歷史名詞，獨有「羌」仍是中國西疆少數民族之一。因此可以說，在中國，甚至在全世界，可能都很難找到一個像「羌族」這樣歷史悠久的「民族」。也因此，歷史學者與民族學者認為雖然當今羌族只有二十多萬人，但在這樣綿長的歷史中，古羌人的後代廣泛散布在漢族、藏族、彝族，以及許多的西南少數民族之中。

我自二十年前在研究所就讀時，便開始研究羌族的歷史。我曾加入許多歷史學者、民族學者之中，共同努力解決「羌族史」中的一些瑣碎問題。譬如，漢代的氐與羌究竟是不是一個民族，中國西周時期的姜姓與羌族的關係如何等等。但過了十年我仍不知羌族是什麼樣的民族，甚至我愈來愈不明白，什麼是「民族」。後來，我對這些感到枯燥無聊了，我便到美國求學。那時是 1980 至 1990 年代之交，歷史教授們普遍要學生「懷疑

唯一真實的歷史」；人類學教授們則對學生說的都是「你應該去問問土著的觀點」。所以得到博士學位後，由 1994 年開始，我進入四川西部的羌族之中，「向人民學習」。採集村寨群眾的「歷史記憶」，聽他們如何述說自己的歷史，如何彼此爭辯「我們的歷史」，以及如何建構共同的「羌族文化」。在我作田野調查的這五年，臺灣文化界正在找尋、建構一些本土文化，歷史學界也在爭辯臺灣的真實歷史。於是就像是夢蝶的莊子，甦醒後不知自身是由「夢蝶之中」醒轉來，還是仍在「蝶之夢中」；我也常不知自己是置身田野或是現實，也常不知自己存在於「現在」或是「過去」。

在這本小書中，我的期望便是與讀者分享這種感覺。當我繼續寫著愈來愈生澀的學術論文時，我決定撥出一些時間寫這本書。告訴大家，「歷史」不只是「過去發生的事」，我們生活在「歷史」之中。也告訴大家人類學者所描述的「土著文化」，並不只存在於數千里外的山之巔、海之

涯，我們也生活在「土著文化」之中。本書中的主角——羌族——不是一個有奇風異俗的民族，他們是一面忠實的鏡子，映照著我們不易察覺的自身內在面貌。

最後，我要感謝所有的羌族朋友們。在我進行田野調查的期間，我們曾一同翻山越樑子，一同對抗村寨百姓的白酒攻勢，如此培養起深厚的「革命感情」。我要感謝我的妻子于清沼，也由於我們深厚的「革命感情」，使她能在我田野期間獨自照料三個頑皮搗蛋的兒子。我也要感謝我母親對我的寬容；為了進行田野，我已有五年未回老家過年了。

蠻子、漢人與羌族

歷史文獻中的羌族

　　熟知中國民族史的人都知道，羌族是一個歷史悠久、族裔廣布的民族。中國人對於「羌」的研究，有很長遠的歷史。對於羌人的起源，早在漢晉時期就有一種說法：羌人是三苗的後裔。三苗，是中國遠古傳說中一個邪惡的壞蛋。在當代中國歷史學家的解釋中，他是一個野蠻異族的代表，古代南方苗蠻民族的祖先。漢晉時期的中國歷史記載，三苗被偉大的舜帝驅逐到遠方的三危（據說在青海或甘肅）地區去，成為羌人的祖先。但是根據當代歷史學家的研究，羌族有一個比較光彩的起源——他們的祖源是與黃帝齊名的炎帝。據中國文獻記載，炎帝姓姜。古人以族名為姓，炎帝也就是姜姓族的領袖。由於 「羌」 與

「姜」在文字上相似,中國古史中的「姜姓」族被認為是廣大羌族中的一部分。無論如何,我們都知道黃帝曾在阪泉之役擊敗炎帝。因此以「炎帝」為祖先,羌族仍是一個被打敗的民族。

如果您不相信黃帝、炎帝與三苗,認為這些都是「神話」,那麼羌族還有一個較可靠的「歷史」來源。商代甲骨文中有「羌」,他們是殷商的西方敵人,大致分布於河南西部、山西南部或陝西東部。他們在戰場上被擄獲時,常被殷王用為祭祀上的犧牲品,與牛、羊一同殺了來請商人的祖先享用;可見殷商的人並沒有把「羌」當作是人。歷史學家認為,羌人中較進步的一支,也就是「姜姓」族,與陝西渭水流域的周人結盟。後來在周武王時,終於打敗了商人。與周人結盟的姜姓族族長,也就是《封神演義》中赫赫有名的「姜子牙」(姜尚)。打敗商人後,姜子牙和其他幾個姜姓族長被周王分封到東方去,創立齊、申、呂、許等國家。後來這些都成為春秋時的「華夏」

之國。這便是西周時羌人東遷成為華夏的過程。

　　到了西周時，西方未開化的羌人被周人稱為「戎」。他們雖然部族分散，但仍然勢力強大。甚至，在西元前771年，姜姓族申國的領袖勾結犬戎造反，逼得周王帶著大批王室貴族倉皇逃往東方。這便是歷史記載中的周王室東遷與西周的結束。後來西戎的一支，秦人，在西方崛起，逐漸將隴山以東全佔了。戎人被迫往西遷，進入甘肅、青海的黃河上游與洮河流域。戰國晚期有些學者提及，西方有一支異族名為「氐羌」，或稱為義渠戎，他們有火葬的習俗。秦與漢初時期，中國人稱一部分隴西的人群為氐，更遠一些的則被稱為羌。一種解釋是說，「氐」是住在比較低處的羌。

　　學者們又認為，青海東部的湟水流域與黃河上游，以及其西更廣大無垠的雪山草地，是原始羌人部落的大本營。在戰國末年，一位戎人無弋爰劍，受擄成為秦人的奴隸。他自秦人手中逃脫，躲到這兒來，藏身在一個山洞中。秦人以火燒入

洞中，但洞中出現了一個虎的形影，替無弋爰劍擋著火。無弋爰劍因此逃過秦人的追捕。當地羌人見火燒不死他，所以將無弋爰劍當作神，奉他為領袖。

　　這故事看來有點神奇，但對此我們無需訝異。一個高等文明地區來的人，到了蠻荒地區成為當地的「神」或領袖，這樣的「歷史」到處都見得到。中國歷史記載，在西周建國之前，周文王姬昌的兩個伯伯，太伯與仲雍，很欣賞姬昌的賢能。為了想讓姬昌當周王，他們相偕由陝西逃到江蘇的「吳國」，以將王位讓給他們的弟弟季歷，也就是周文王的父親。我們不曉得他們如何翻越千山萬水，也不曉得他們以何種語言告訴土著他們偉大的義行。但根據中國文獻記載，他們被當地荊蠻土著奉為首領。因此春秋時「吳國」的王，包括被越王句踐打敗的吳王，就是「周太伯」的子孫。直到現在，中國歷史學者與江蘇的人還相信「太伯奔吳」這故事是真正發生過的歷史。更不

用說，許多中國人也相信箕子逃到朝鮮，成為開
化韓國人的偉大祖先；徐福到日本去，成為日本
天皇家族的祖先。許多西方人透過歷史、電影與
小說，也宣稱在地理大發現時期有些西方軍人、
船長、探險家深入蠻荒時，曾被土著奉為神。所
以，並不是只有「土著」才創造「神話」。只是，
在中國人創造的無弋爰劍故事中，一個中國去的
「逃奴」──而不是箕子或徐福──都可以成為
那些「羌人」的祖先，可見「羌人」在當時中國
人心目中有多麼卑賤。

　　無論如何，根據歷史文獻記載，無弋爰劍的
子孫成為青海東部、甘肅及四川西部許多羌人部
落的領袖（地圖一）。在東漢時期，居住在青海東
部與甘肅的爰劍子孫，為中國帶來嚴重的邊患。

漢代中國西北的「羌亂」

　　漢代的羌人「作亂」，曾震盪整個漢代中國。

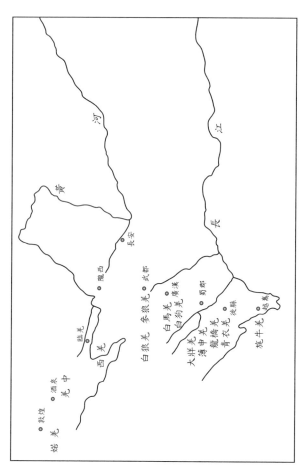

地圖一　漢、晉時期的河湟西羌與西南羌人

當時中國的西方州縣，數千里一片斷井頹垣，人民顛沛，骨肉流離。中國曾以軍事、外交與婚姻手段成功應付北方強國匈奴，但對於部落分立如一群群散兵游勇的羌人，卻幾乎是束手無策。主要原因是，當時所謂的西羌並不是一個「國家」，也不是一個「民族」，他們是時聚時散的一些大小遊牧部落。面對數百上千的大小羌人部落首領，要和談，中國還真不知要跟誰談判。要打仗，殺幾百個羌人部落首領，又自然生出來一大堆的大小酋長。要「和親」，更不必說，中國皇帝也沒有那麼多公主嫁給他們。

事實上，所謂的「羌亂」主要是由於中國軍隊、移民侵入湟水流域，佔領了當地土著的河谷麥田。漢代的河湟羌人，並不是純粹的遊牧人群。他們一面在河谷種麥，一面在附近山中放牧。自然漢人入侵河谷，嚴重破壞了他們的生計。所謂「作亂」，起初只是羌人要求中國准許他們在河谷空地沒有漢人開墾的地方種麥而已。這麼一個謙

卑的要求，卻招來中國軍隊對他們的清勦。

　　漢代中國對付青海羌人的一個策略是，在湟水流域長期駐軍屯田，並將降服的羌人遷移到陝西、甘肅的中國邊境以便管轄。順便也為中國守邊，對付鮮卑、匈奴等其他民族。「羌亂」因此由中國之外患成為內亂。由於羌人與漢人間的衝突，地方官府常偏袒漢人欺侮羌人，經常造成邊境羌人部落叛逃。中國軍隊來討伐時，又造成更多的羌人部落聯合抵抗。如此連鎖式的百年戰亂，到了漢末終於慘烈結束。一位出生在西方戰區的中國將領段熲，採取新的手段對付羌人──對敵人窮追不捨，然後包圍、屠殺。幾年之間，他的部隊殺了六、七萬的羌人。段熲的部隊之所以能夠如此「堅毅」作戰，因為這部隊的主力軍也是羌人。看來當時羌人各部落人群間，並沒有多少同胞愛。我們也別忘了，東漢時出身西方邊疆郡縣的中國將領如段熲、董卓等人，他們的祖先在兩百年前還被中原的人稱為「羌」或「氐羌」。段

潁、董卓等人生長的地方，當時仍被中原的人認為是華戎雜處之域。或許為了要證明自己是道道地地的「中國人」，他們比其他將領更仇視羌人。

魏晉南北朝時，居住在渭水流域的羌人和漢人沒有多大區別。他們種田，信佛教，說陝西當地的話。到了唐代，關中地區還有少數的「羌村」，後來也逐漸消失了。羌人都成了陝西的漢人。青海河湟地區的羌人，在南北朝至唐代成為黨項羌的一部分。他們則仍在河谷種麥，在高山上放牧。因此兩百年的「羌亂」，除了死傷數百萬計的漢人與羌人，以及使一些羌人成為漢人之外，只是白忙一場；漢人與羌人的地理與生態邊界並沒有改變。

研究藏族歷史的學者認為，唐代以後由於吐蕃曾長期統治，青海東部的湟水與黃河上游各羌人部落逐漸成為藏族的一部分。至於吐蕃的由來，有些學者認為西藏內地的人都是羌人，所以吐蕃自然也是羌人。有些認為，漢代青海的羌人在中

國軍事壓力下，曾大規模長程遷徙；西遷的發羌、唐旄等羌人部落，後來成為藏族先民的一部分。還有些羌人向西北遷到新疆，這就是天山南麓的「婼羌」。依中國文獻記載，更多的羌人向西南遷徙，成為四川西部岷江流域至雲南地區的羌人。也就是說，到了西元五世紀時，整個青藏高原的北緣、東緣都被羌人盤據了。至於這麼大範圍的「羌人」，是不是講一樣的話，穿戴差不多的服飾，有同樣的體質特徵，信同樣的宗教，或是否知道自己是「羌人」，我們就不得而知了。

中國西南羌族的歷史

今日中國西南地區有許多少數民族，被稱為是「氐羌系民族」。其中的羌族，又被認為是古羌人的唯一正宗嫡傳。我們談談這些中國西南方羌人的歷史，特別是岷江上游與北川地區羌族的歷史。

根據中國文獻記載，無弋爰劍的一個孫子

「卬」曾率領部眾往南遷徙，他的後裔後來便衍生成許多西南地區的羌人部落。這些羌人部落，由北而南有白狼羌、白馬羌、白狗羌、大牂羌、薄申羌、髦牛羌等等。由這些漢晉時中國人為他們的命名可知，在當時中國人心目中，這些「羌人」都有如動物。雖然泛稱之為「羌」，漢晉時有些中國學者也知道，這些地區土著的族群分類相當複雜。譬如，根據《後漢書‧南蠻西南夷列傳》的記載，只是岷江上游的「冉駹夷」中便包括有六夷、七羌、九氐。總之一句話，便是當地族群「種類繁多」。

關於岷江上游的冉駹夷，約成於西元五世紀的《後漢書‧南蠻西南夷列傳》顯示，他們的王侯頗有一些能讀中國文書，本地人以種麥與畜牧為生，又出產許多藥材。他們在山上建石砌的房子居住，還有一種高十多丈的石砌碉堡，稱為「邛籠」。這文獻中也提到當地有火葬的習俗。西元前四世紀，秦國便在這一帶建「湔氐道」。漢武帝

時，中國在這兒建立「汶山郡」。此後中國一直以
岷江作為防備羌人的西方邊防線。由於駐軍與行
政管轄，中國人在此設關建堡，並在此基礎上逐
漸形成幾個供漢人地方官員與駐軍居住的邊鎮。
三國時蜀漢的馬忠、張嶷與姜維等人，都曾奉命
討伐汶山郡的羌人。

　　西元七世紀，唐代吐蕃王國崛起於西藏南方。
這個王國逐步往東方發展，併吞了青藏高原東緣
許多的羌人部落與國家，並侵入中國西方邊境州
縣。中國也不甘示弱，偶爾也反擊吐蕃，奪回對
這些西方邊區的控制權。雖然中國輸多勝少，但
「薛丁山征西」等歷史（或傳說）為後代中國人
留下些有面子的記憶。據說，唐朝中國將領薛仁
貴領軍打吐蕃。大軍到了岷江上游的「寒江關」
時，當地番將之女樊梨花愛上了仁貴之子薛丁山。
這位武功高強的番女軟硬兼施，最後終於逼得薛
丁山娶她為妻。這樣一個「番女」愛上文明世界
男子的故事（或歷史）也算是普遍。美國人不是

也相信「風中奇緣」——在「發現」美洲的時期，一位印地安公主「寶嘉康蒂」愛上一位英國士兵的故事（或歷史）？

經過數百年吐蕃與藏傳佛教的影響，元、明時期大多數的岷江上游羌人都在文化與血緣上和吐蕃有些混合。元代中國將岷江上游的茂州、威州、通化，都劃歸掌管吐蕃事務的「宣政院」管轄。這也顯示「吐蕃化」或「藏化」在此地區的影響。明清中國文獻中，有時稱茂縣附近的「黑虎羌」、「楊柳羌」為「黑虎番」、「楊柳番」，也說明他們在中國人眼中與「西番」沒有多大的區別。不過一般來說，沿著岷江主流，居住在灌縣至松潘間接近城鎮較漢化的編戶之民，常被中國人稱作「羌」或「羌民」。岷江上游及其支流的疊溪、松潘、黑水等地，常生事且漢化程度較淺的村寨人群，則被中國人稱作「生番」或「番羌」（地圖二）。或者，當本地土著首領率眾來歸順時，中國人稱之為「羌」。當他們造反時，就被稱作「番」了。

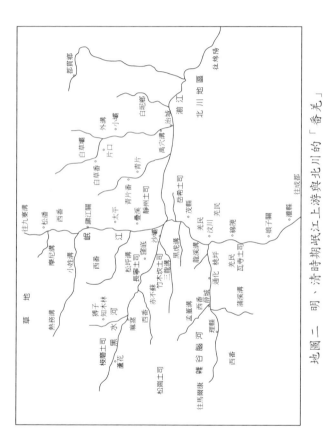

地圖二　明、清時期岷江上游與北川的「番羌」

　　除了「吐蕃化」影響外，還有一部分西南羌人後來成了漢人。如，四川西部的天全、雅江一帶，在漢代至魏晉南北朝時原是「青衣羌」的地方。後來有部分漢人前來開墾、作買賣。唐代中國與吐蕃作戰時，這兒是中國進軍吐蕃的重要孔道。戰後這又是漢蕃貿易的樞紐地區，因此有大量中國軍民、商賈來此定居。漢蕃間的茶馬貿易，漢與非漢都能從中蒙利。此種密切往來關係，也使得許多土著上層人物逐漸漢化。到了清代，據中國文獻稱：「蠻夷漸被聲教，衣冠文物儼如內地。」

　　無論如何，青藏高原東緣的羌人，成為中國與吐蕃長期戰爭中的主要受害者。在這過程中以及戰後，靠近中國的羌人持續的變成中國人。較西方的羌人，則受藏傳佛教與相關習俗影響，漸「吐蕃化」而成為「藏族」。研究中國少數民族的學者認為，進入雲南地區的羌人或氐羌民族，後來成為彝族、白族、納西族、哈尼族、栗僳族、

拉祜族、基諾族、普米族、景頗族、獨龍族、怒族、阿昌族、土家族等許多當今西南民族的祖先。到了明代、清代，只有岷江上游與北川地區還有羌人存在。

清末民初時，一位西方傳教士湯瑪斯・托倫士 (Thomas Torrance) 先生，來到岷江上游的汶川一帶宣教。他對於自己所見的「羌民」文化十分感到興趣。據他所見，羌民穿的白袍，住的石砌房子，他們的外貌，都讓人覺得彷彿到了中東以色列人的社區之中。他又認為羌民所信的是「一神教」；在人類文明的進化上，這是比鄰近藏族、漢族的多神信仰都要高級的宗教。因此，他認為羌民一定是西方以色列人的後裔。在一本以英文發行的《華西邊疆研究學會雜誌》上，他與其他一些西方學者、傳教士很興奮的交換這方面的心得。其他在中國西南地區作研究的西方學者，也有類似的發現——許多東方土著都是以色列人或古印歐民族的後代。甚至他們相信，一個西亞的

巴比倫酋長向東遷，後來被東方中國土著尊為具神性的祖先——他就是古來中國人一直相信的「黃帝」。華夏民族的老祖宗竟是一位西方人。前面我曾提起，古今中國人都認為，春秋時期江南吳國的王室是由陝西奔逃而來的「周太伯」的後代。「巴比倫酋長東遷成為中國的黃帝」，與這故事出於同一種神話模式。所以，中國人也不用為了曾創造「太伯奔吳」這種神話式的「歷史」而感到不好意思；西方近代歷史學者也創造這種神話歷史，而且這巴比倫酋長「奔」得比太伯還遠得多。

北川羌族的歷史

　　說到北川羌族的歷史，就不免要提到大禹。我們都知道，大禹在中國歷史上是一位治水的英雄帝王。早期中國文獻並未提及他出生在何處。約在司馬遷的時代，便出現了「禹興西羌」的說

法——主要的意思是說，像大禹這樣偉大的人，都可能出生在邊遠的西方地區。漢至魏晉南北朝時，這說法逐漸普遍，也愈來愈具體。西漢時的揚雄，便稱大禹是汶山郡廣柔縣人，生於石紐。晉代的常璩在其著作《華陽國志》中更清楚的指出，大禹出生在汶山郡廣柔石紐的刳兒坪。值得一提的是，漢代汶山郡是蜀郡或蜀地的一部分，而揚雄、常璩等人都是蜀人。因此大禹生於汶山郡廣柔石紐村，主要是被這些蜀地的「地方文史工作者」宣揚開的。我們知道，基於鄉土之愛，這些地方文史工作者的學術研究多少有點誇張與想像。但他們只是告訴外地的人說：我們所出身的蜀地，可不是什麼邊緣蠻荒之域，此乃聖王大禹的出生地。

　　至於廣柔究竟在哪兒，古代中國學者之間就有了許多爭論。一個說法是，廣柔在汶川之西，今之理縣通化，也就是岷江上游支流雜谷腦河一帶。但大多數學者相信，廣柔在今四川省北川縣

西部，因為「石紐」在此。晉代的常璩記載：廣
柔的石紐地方，夷人在當地討生活，但他們卻不
敢到石紐這片地方放牧。逃犯若進入這地區藏匿，
他人也不敢入內追捕，說是怕得罪「禹神」。今日
北川羌族知識分子（也是地方文史工作者）認為，
這說明了「大禹」是當地土著羌人的神，或大禹
本身也是羌族人。但是一千多年來，漢人一直沒
有將大禹當作是「異族」。

　　由於北川是由松潘高原南下，或由茂縣東行，
進入成都平原的孔道，因此中國對這地區的經營
管轄，主要是以軍事防備為重。西元七世紀後半
葉，吐蕃大規模東侵，此時北川地區曾陷於吐蕃。
整個西元八世紀，北川都在唐與吐蕃拉鋸式的戰
爭之中。直到九世紀初，中國才重新掌握北川。
在這一段時間裡，北川北部白草河流域與西部青
片河流域之土著，與吐蕃屬部在血統、文化與族
源記憶上產生一些混合、假借。到了十一世紀的
宋代，西北方白草河、青片河流域地區及其人民

仍受中國軍事管轄之時，宋朝政府已將北川東南部的石泉縣劃歸一般地方州府管轄。可見這時北川東南部沿湔江主流的居民已相當漢化，而西北方白草河、青片河流域的居民仍被漢人視為蠻夷。到了元代，漢人已滲透到白草河中游，於是在這兒常發生漢番衝突。根據歷史記錄，在一次衝突之後，漢、番一百多人共同打死一條不相干的狗來發誓，保證以後要共同維護本地的安全，並將誓詞刻在石碑上。這是本地「打狗埋石」為誓的傳統。

到了明代，青片、白草河流域土著與漢人間的衝突更嚴重了。這期間為了要和平，也不知白白犧牲了多少條狗來發誓。青片、白草河流域土著在當時被中國人稱作「番」。這是因為受吐蕃的影響，這一帶土著多少有些「吐蕃化」。當時有些本地頭領，也自稱是吐蕃贊普的後代。中國文獻記載，由十五世紀中起，白草番不斷的四出劫掠。嘉靖二十五年（西元 1546 年）發生嚴重的「羌番

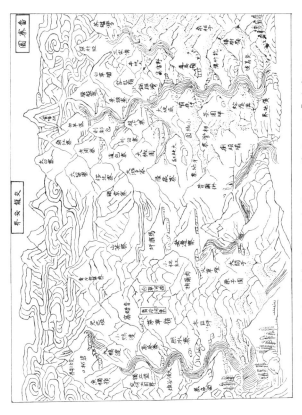

清代《石泉縣志》中北川青片、白草地區的「番寨圖」

叛亂」。領導「叛亂」的土著頭領甚至自稱皇帝，並封屬下為將軍、總兵等等；可見他們不只是「吐蕃化」，也相當「漢化」。第二年，中國朝廷派著名的將領何卿率軍前來征伐。何卿顯然是讀過《漢書・段頴傳》，學習到段頴「斬草除根」這一套戰術。在這戰役中，中國軍隊一路摧毀羌番的碉樓，燒房拆屋，嚴懲參與起事的土著村寨。最後並在走馬嶺一役，徹底消滅了白草羌之主力。殺了土著領袖白石、李保與黑煞等人。

走馬嶺一役，不但土著頭領白石、李保等率領的各寨聯軍被摧毀，在戰爭過程中，青片、白草各村寨受到很大的創傷。從此他們失去了反抗明代中國統治的意念。青片河及白草河流域各村寨居民紛紛向中國請求，願意輸糧納賦，成為皇帝管轄的老百姓。明末清初，由於這兒的百姓馴良，所以漢人移民愈來愈多，這些移民有些是以難民潮的方式進來的。中國歷史書寫傳統對這種有組織的難民潮有一個名詞，叫「流寇」。總之，

明清時期的幾波「流寇」並沒有摧毀北川，反而
使得漢人移民愈來愈多。清代中國派了幾個很有
學問的地方官到北川來，其中最有名的是姜炳章。
姜炳章常深入青片、白草地區查探民情，當他看
到這些地方的土著還保存一些「蠻夷之俗」時，
就十分的為他們感到難過。相反的，偶然聽到有
鄉村的孩子在朗讀經書，就覺得十分寬慰。有這
樣「勤政愛民」又「悲天憫人」的地方官，當然
漸漸的本地「蠻夷之俗」都消失了。在歧視與「教
化」之下，連「蠻子」也瞧不起「蠻子」；幾乎所
有的青片、白草土著都自稱是漢人，但他們卻被
下游人群稱為「蠻子」，他們也譏嘲上游村寨的人
為「蠻子」。於是到了 1950 年代的民族識別中，
只有青片河最上游少數的「蠻子」很無奈的被識
別為羌族與藏族。

　　以上便是我所讀過的羌族歷史。這個歷史說
明，一個歷史悠久、族裔廣大的民族，在數千年
中如何一部分成為漢族，一部分成為藏族，又有

一部分成為許多西南少數民族。至於這裡面，有哪些是歷史？哪些是神話？或這歷史中有多少是真實的？或者，「歷史」與「民族」究竟是什麼？讀完本書後，讀者們應能自己判斷。

當代川西北的羌族

雪山草地之間

　　當今二十餘萬的羌族人口，主要都居住在四川省西北阿壩藏族羌族自治州的東南部，也就是岷江上游及其支流兩岸的汶川、理縣、茂縣、松潘等縣之地（地圖三）。與岷江上游羌族地區一山之隔的北川，也有部分人口在 1980 年代被識別為羌族。

　　由成都西門車站乘車，往西經過郫縣、灌縣（都江堰市）後，便開始沿岷江進入山區。過了漩口鎮，兩岸的山嶺愈來愈高，底下的江水也愈來愈急，這是岷江的中、上游峽谷地區。經過約四小時車程到了綿篪，當路邊山上出現一些石砌

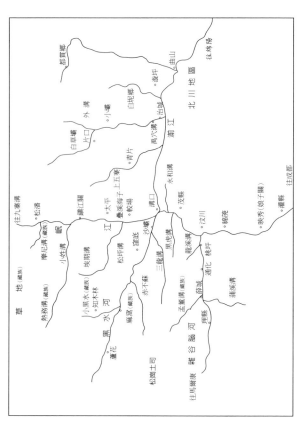

地圖三　當代四川省西北的羌族地區

的房子時，這就進入羌族地區了。因此綿篪羌族自豪於他們的村寨是「西羌第一村」。綿篪過去在清代是威州 （汶川） 的府城所在 。 附近有 「禹跡」，有刳兒坪，還有大禹留下的碑文。

　　過了綿篪約半小時就到了汶川。這個橫豎只有四、五條街道的小鎮，便是羌族地區的文教與政治中心。由威州師範學校後的小徑上山，不一會兒就走上一道綿延山脊的小型「長城」。當地人說，這是三國時姜維所建的「姜維城」。由於姜維姓姜，自然他也被認為是羌族。離姜維城不遠有個「點將臺」。這顯然是一個古代中國邊防軍的烽燧遺址，因為距此不遠還有守烽燧駐軍的夯土軍營遺跡。汶川城內有很多羌族知識分子，都很熟悉本民族的文化與歷史，並以此為榮。但他們看來與漢族並無不同；在這兒您絕看不出誰是羌族，誰是漢族。城北不遠便是雁門關——岷江大道上的一個隘道。路邊「周倉坪」有一巨石，上面留有周倉的手印。這個三國時的周倉，據說是羌族

汶川縣城附近山上的「姜維城」 岷江上游自古便是中國西方邊防要地，但此「姜維城」主要建於明代。

的神。他為了防堵愈來愈多的漢人進入本地，曾揹個大石頭想把雁門關堵起來。當然，他沒成功，所以現在這兒漢人還是那麼多。

汶川也是雜谷腦河匯入岷江之處。過威州大橋沿雜谷腦河西行，便逐漸進入理縣地區。沿途有許多小溪流切開大山，流入雜谷腦河中。這些小溪流造成的山谷，如龍溪溝、水塘溝、蒲溪溝等等，有許多的羌族與嘉絨藏族村寨坐落其中。

沿雜谷腦河大道的通化，附近有石紐山，那兒還有一個寨子叫汶山寨。前面我們曾提及，據中國文獻記載，大禹出生於汶山郡的石紐。因此當地羌族說，大禹是通化人。薛城是理縣的舊縣城所在。有人說，薛城這名稱就是為了紀念薛仁貴與薛丁山而取的。當地人又說，薛城是唐代的維州；唐李德裕被貶為西山節度使時，在薛城建了一個籌邊樓。羌族村寨只分布到理縣縣城之東的九子屯與蒲溪溝。縣城附近及以西，則都是嘉絨藏族所住的地方。理縣縣城舊稱雜谷腦，在清代及民國初年的時候，這兒是「漢番貿易」的重鎮。

由汶川沿岷江大道往北，車行約一小時便到了茂縣。茂縣舊稱茂汶。這是另一個羌族地區大鎮與文教中心。茂縣舊縣城所在的鳳儀鎮，也有大禹的遺跡；附近一個村落還叫作「禹鄉村」。茂縣附近，沿著岷江地名都是某關某堡，顯示從前這兒都是中國的邊防地區。另一個「古蹟」則是，在一個古石塔上刻著「蔣介石的新生活運動是殘

害青年的毒藥」等語。這是當年中國共產黨「長征」過境本地時的作品，也是當地一種歷史記憶。

如果汶川代表羌族「漢文化」影響的一面，茂縣則代表「本土文化」的一面；對羌族而言，兩面同樣的重要。茂縣附近由於山高谷深，有許多深溝中的羌族村寨。如岷江東岸有永和溝、水磨溝，西岸有黑虎溝以及黑水河流域的各溝。黑水河由西匯入岷江，由下游而上有三龍溝、窪底溝、赤不蘇溝等羌族聚居地。赤不蘇與維城是羌族分布的西界。由此踰越瓦缽樑子，便進入黑水河中上游地區；這兒是黑水藏族的分布地。因此茂縣的羌族文化被認為是很「原始的」，換句當地流行的話說，這兒是「保存本民族文化最好的地區」。

過了茂縣的兩河口，往松潘的路開始蜿蜒而上。過去大路是沿岷江岸走的，後來因連年坍方、土石橫流，交通不便。四川省府為了開發九寨溝的旅遊事業，便炸山開了上面這條新路。1995 至

1996年，我作調查經過這兒時，常需搬開路上的大小落石才能通過。因此也算是間接對於開路做了貢獻的。疊溪是過去著名的中國駐軍點。1933年一次 7.5 級的大地震，震塌了一座山，造成疊溪海子這個堰塞湖，也淹沒了疊溪大半的村寨與城。過了疊溪，沿岷江的公路便進入茂縣最北端的較場與太平鄉。較場，聽說是樊梨花校兵、練兵的地方。附近有一個「點將臺」；據說樊梨花在此被唐朝皇帝封為將軍。較場、鎮江關等地的人，

鎮江關　岷江大道沿線的一個小街市。

都想找到樊梨花的墳；不知哪兒的人會先找到。太平鄉的楊柳溝、牛尾巴，以及岷江西岸的松坪溝，都有較大的羌族村寨。在過去他們都是讓疊溪營的中國軍隊頭痛的「羌番」。現在這些村寨中的羌族，仍以人多勢眾而又強悍著稱。

過了太平，便進入松潘地界。鎮平到鎮江關之間，還可見到一些羌族村寨。這一帶的人說，鎮江關便是薛仁貴、薛丁山征西時的「寒江關」。薛仁貴在路邊睡覺時現出他的本尊，一隻大白虎。結果被他兒子薛丁山誤殺。當時他流下的血染紅了土地，這就是熱務區紅土的由來。熱務河由西來，在鎮江關流入岷江。熱務河谷前段稱小姓溝，後段稱熱務溝。流入小姓溝的小溪谷如大爾邊、埃期溝等，便是最西北邊緣的羌族聚落。再往熱務溝深入，便是藏族的紅扎、紅土等溝了。松潘附近海拔高，但山勢看來卻未如茂縣境內的高峻陡峭。山頂上還常有大片大片的草地；這是接近高原地形的跡象。過去在晚清時期，這兒的土官

（小土司）們最喜歡聯合各溝各寨一起去圍松潘
城。城內的官員怕事，便常要當地回、漢商人貢
獻些錢財物資，以打發這些凶神惡煞。松潘城，
便是古松州軍事與行政中心。在清代與民國初年
時，城裡住的都是漢族與回族；現在是九寨溝旅
遊途中景點之一。附近各溝各寨的藏、羌人民現
在還是常包圍松潘城，不過現在受包圍的是城內
的觀光客；這是開玩笑的。事實上漢、藏、回、
羌各族人民與觀光客在此融洽共處。聽說，前幾
年還有一當地藏族小伙子娶了一位英國女觀光客
為妻呢。

大禹故里——北川

　　除了岷江上游地區外，還有一部分羌族住在
北川。由茂縣縣城附近越嶺，過了土地嶺樑子便
進入湔江水系。湔江由西往東流，北方有幾條河
南流匯入其中。這幾條河，由西而東分別是青片

河、白草河、白坭河與都壩河（地圖四）。青片河
與白草河流域，便是明代有名的青片、白草羌的
聚居地。比起岷江上游羌族地區來，這兒的山勢
平緩多了。因此明清以來，有許多漢人來此移民
開荒。青片河上游的上五寨，在城裡知識分子眼
中，是北川羌族文化保存最好的地方；當地人則
認為本地是最窮、最落後的地方。他們便是前述
在 1950 年代成為藏族或羌族的那些最上游村民。
也幸好上五寨保留了「羌族文化」這一點根根，
使得已全然成為漢族的北川人目前有百分之四十
的人恢復了他們的羌族祖源記憶。

　　青片河下游的壩底堡（堡讀作埔），是明清時
期中國進勦或控制青片羌的軍事重鎮。當年這兒的
中國軍政人員為了感念平羌英雄何卿，還在這替他
立了個「生祠」（就是替還活著的人所立的祠）。白
草河上游的片口，便是明代白草羌的大本營；經過
幾百年的屠殺與教化（包括基督教的教化），現在
住的都是馴良百姓。白草河中游的小壩，便是明代

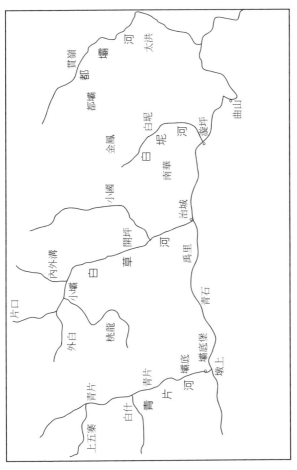

地圖四　北川羌族地區

「走馬嶺之役」羌人聯軍被何卿消滅的地方。當時
的漢人還在走馬嶺上建了個「走馬廟」來紀念何
卿。另外，在小壩鄉的一面崖上，刻著元代「漢
番」共同殺狗發誓永保和平的那件事。

白草河下游的治城，舊稱石泉，漢代以來便
一直是北川的行政中心。過去城內及附近住的都
是中國軍政人員及他們的眷屬，以及漢人移民與
商人。治城附近有北川人的精神堡壘——石紐山、
望崇山和禹穴溝。石紐山，自然便是「禹生於石
紐」之處。望崇山，則是禹的母親登高眺望，期
盼出外治水的丈夫「崇伯」早日回家的地方。禹
穴溝，則是一條小得不宜人居的山溝。裡面有唐
代大詩人李白手書的「禹穴」，有大禹的母親所住
的山洞與石床，有大禹出生時他母親洗滌他的「洗
兒池」，有被胎兒身上的血水染紅的「血石」，有
大禹小時候採藥的「採藥山」。所有的證據都說明
大禹就是出生在這兒——根據北川人的說法。現
在禹穴溝口又建了個「禹王廟」，治城街上另建一

個「大禹紀念館」，以接待四方來參觀「大禹故里」的人潮。如今北川號稱為「禹里羌鄉」。北川人以本地為羌族地區，以及本鄉是大禹出生地為榮──自然不必說，他們認為大禹也是羌族人。

在族群認同上，北川人向西方岷江上游的羌族靠攏，但在經濟開發上則非大膽東進不可。當前北川為了向外發展，將縣府移到東邊的曲山鎮。曲山鎮是個繁榮的山中小鎮，這兒關心羌族歷史文化的本土學者，比汶川地區還要多。來到這兒，您可以住在「大禹賓館」，晚上在「禹鄉飯店」吃個晚飯，小酌「大禹酒」，之後喝點「禹里花茶」；此時如果停電，那可能是「神禹電力」出了差錯。

溝中的自然環境

由成都往松潘高原或往西藏，就像是由平地經過一些階梯爬上屋頂平臺一樣。羌族地區，便是這些「階梯」地段。羌族的日常生活與生計，

與這樣的環境密不可分。岷江、湔江及其支流切過青藏高原邊緣，造成高山深谷。所謂的「溝」，便是這種高山間的深谷。有名的風景區「九寨溝」，顧名思義，就是原有九個寨子的一條溝。介紹了羌族地區大致的地理與道途狀況之後，我要帶著讀者們探探「溝」中的環境生態。

通常進入一條溝中，要先走過一條跨越主流的吊橋。然後便沿著一條小溪前行，溪兩岸或是高聳光禿的山壁，或是茂密的山林。這樣的溝，有時可深達數十公里。靠近外邊的就叫溝口，裡邊再以遠近分別為內溝、外溝等等。由溝口走到內溝，常需要四至六個小時。茂縣北端與松潘地區的各個溝，林木保存較好。但汶川到茂縣，或汶川到理縣間的各溝，由於過度開發，山壁上到處都是禿露的土石岩塊。

溪谷地區，在過去是沒人住的。一方面溪水容易泛濫，另一方面容易遭搶劫。近年來有些人開始在溪谷的開闊河階上種花椒、蘋果。溪裡有

一種冷水魚，當地人稱白魚。在茂縣、汶川、理縣等地，白魚都是人間美味。愈往西、往北接近藏族地區，人們便對於吃魚不感興趣了。離開溪谷往上攀，約莫半小時至兩小時左右，便到達羌族的村寨；有些村寨要攀上四個小時或更久。而這個高度，約在 2000–3000 公尺間，若有緩和的坡地，便是羌族開墾種植的地方。整片的森林分布在海拔 3000–4000 公尺山區，大多數為松木林。有些地方還有整片山坡的山杜鵑，當地人稱之為「羊角花」。據說，過去松林密得不見天日。林中是各種獸類與野禽的天下。除了目前作為一級保護動物的大熊貓、金絲猴與羚牛外，還有三種熊（馬熊、棕熊、黑熊）、兩種豹子（土豹子與金錢豹），以及小熊貓、豹貓、獐子、麂子、鹿、狼、豺狗、野豬、土豬子等等。一個笑話說，兩個黑水人比賽吹牛。一個說，我昨天經過林子裡，風把帽子吹下來，卻蓋住了一隻金雞，你說我運氣如何。另一個說，這算什麼。我前天去打獵，

槍裡六顆槍子一齊放出去，打到五隻獐子。頭一個人說，你還是白費了一顆子。另一人說，我還沒說完；那顆彈子現在還在追一隻獐子。講這個笑話的羌族人，說完不禁有些今非昔比的感傷。如今因為濫獵、盜獵，動物少了很多。

　　山上還有一種很兇的「貓」，咬人貓；在臺灣我們稱作「咬人貓」的一種植物，當地人以漢話稱之為「蕁麻」。理縣蒲溪溝的一個寨子，整個都在蕁麻的包圍中。當人被蕁麻葉上的小刺刺到時，痛苦傳來得非常的快；說是被「咬」，還不如說是被「電」。我在理縣、松潘都被蕁麻「電」過。幾乎有半小時，痛得只能齜牙咧嘴，動彈不得。據說，流寇張獻忠勦四川時，有一個夜裡他內急，就在林子裡就地方便。過後，張獻忠隨手抓了一把草，用來去除臀部的污穢──那草就是蕁麻。吃了大虧，張獻忠咒罵道：四川的草都那麼歪，人一定是更歪了。於是他下令把四川人都殺了。我能體會他那夜的心情。

　　松林下盛產各種菌菇類植物。松潘小姓溝一位十三歲的少年，以漢話對我道來的便有：楊柳菌、獐子菌、刷把菌、雞蛋菌、羊肚菌、白松菌、白樺菌、草菌、黃連菌、羊角菌、烏鴉菌、雞菌、猴頭菇、蘑菇、草菇、香菇、金針菇、野木耳、馬屁包等等。放羊的小孩，常揹著一個大簍子。放羊回來時，便帶回整簍的各種菌菇。山區還盛產各種藥材。冬蟲夏草、大黃、天麻、羌活、川貝、川芎、當歸、黨參等等都是本地特產。田間、林中與高山草原上又盛產各種野禽。經常可獵得的便有野雞、貝母雞、楊角雞、石板雞、眈眈雞、馬雞、松雞、坨坨雞、金雞等等。現在，在山上也難得見到這些野雞了。但過新年的前三天，各種野禽會都出現在茂縣的市集上。

　　森林上方近高山頂的緩坡，高度約在海拔3500–4500公尺之間，由於高寒冬季積雪，樹林只呈零散分布。到了夏季，由於日曬充足，這兒成為豐盛的草場。這是羌族、藏族人放養犛牛與

山上的貝母雞

馬的地方。7月間，山頂草坡上常出現一片花海
景象；淺黃、蛋黃、水紅、桃紅、深紫種種顏色
的野花，佔領疊疊片片的山頭坡地，煞是好看。
但是人究竟不是犛牛，攀上這種高地的滋味可並
不好受。

　　由於溝的四周都是大山，因此每一條溝都像
是一個封閉的生態區。在此生態區中，各種自然
資源垂直分布。溝與溝之間高山隔阻，使得溝中
的村寨居民成為相當孤立的人群單位。近年來，

由於沿河谷的公路開發，各地的羌族才有較密切的往來。

溝中的村寨

在這樣的溝中，羌族村寨大多坐落在半山腰上。近幾十年來，才有部分人移到河谷開墾，而聚成河谷的村落。據村民說，人們過去住在更高的山上，後來才漸漸搬到山腰來住。他們在山上打獵、採藥時，常見到此種高山村落廢墟。

深入溝中之後，由於受到山勢阻礙，通常還看不見兩邊山上的村寨。要往上爬一段山路後，村寨才映入眼簾。這些山路之陡峭，日常親身體驗的羌族人有恰當但不免誇大的形容——人的鼻頭都要叩到前面的路面上了。黑虎溝中最深處的一個大村，名為「爬地五坡」。當地人開玩笑說，這個地名的意思是，要爬好長的一段路後，再往上攀過五個大坡才到得了的地方。最大的村寨，

如汶川的羅布寨，約有兩百戶人左右。最小的村寨約只有三、五戶人。一般來說，三十至七十戶人的寨子最為普遍。在理縣、汶川、茂縣地區，羌族寨子最特殊的景觀便是，山坡上一片石砌房子緊緊相依；部分村寨還有過去殘留下的石碉樓。石碉樓是一種石砌的四角、六角或八角形塔狀高樓，下寬上窄，高約 20–30 公尺。這是一種村民防禦與躲藏的構築。碉體上有些小窗口，這是可以向外放槍的地方。碉內可儲存糧食、飲水，以備長期作戰。碉樓最密集的地區是黑虎鄉；看來明清時期以強悍著稱的「黑虎羌番」，本身也是戰爭的受害者。

茂縣北路太平附近山上的牛尾巴寨，村寨中各房屋間的距離較寬，集結如城壘式的聚落不見了。到了松潘小姓溝，屋與屋間的距離更大，且多為木、泥結構的建築。可見在過去，這兒的人不怕被搶；因為都是他們去搶別人。北川的青片河、白草河流域，羌族聚落與漢族沒有差別。兩

三戶零散分布在近河谷的山坡上。在清末民國時，他們也不怕搶。不是因為他們仍保有白草、青片羌的強悍，而是因繳糧納稅而受到中國地方政府與駐軍的保護。

　　無論在理縣、茂縣或松潘，村寨中的房屋大多為三層建築；下層關牲畜，中層住人，上層通常只有一小間敬菩薩的經堂或儲藏間，其餘則是曝曬糧食的泥鋪屋頂平臺。各層樓之間以一種獨木梯上下。鄰近藏族的房屋也與此類似。經常住

北川羌族的房子與川西漢人農村房舍無異

在這樣的房子裡，我只擔心下樓梯時踩到小豬，衛生是不成問題的。北川羌族的民居房屋，則完全是漢式的農村房屋。主屋由瓦頂與竹木牆構成，還有雕花的窗牖。豬舍、柴房（兼養雞）與廁所在一起，建在主屋之外。如廁時若不在意有些家畜家禽圍觀，也還算是方便。

幾個鄰近的寨子，組成一個村。在人民公社時期，地方政府常以這樣的自然村作為一個生產隊，村下面的寨子就是一個個的生產小組。因此到現在羌族人還常以「組」來稱寨子，以「大隊」來稱村子。一個溝中，常有幾個「村」，坐落在溝中不同地段。如理縣的蒲溪溝，有前五寨、後五寨之分。後五寨是休溪、蒲溪、葵寨、色爾、老鴉；前五寨是大岐、小岐、馬山、建山、南溝。

在一個組或寨子中，常常又分大寨子、小寨子，或上寨、下寨。在各個大小寨子中，又有幾個「家族」。但這些「家族」，只有部分成員間有自然血緣關係；更重要的是「地緣」關係。因為

「家族」的核心是家族神，這也是一種地盤神。搬到別人家地盤上的家戶，就要開始拜當地的地盤神，並成為當地家族的成員。這有如寨子中又分成幾個寨子。如松潘小姓溝的埃期村，村中有三個寨子，分別稱為北基（一組）、北哈（二組）、節奢（三組）。各「組」之內還有區分，如二組內又有「北哈」與「梁嘎」兩個寨子。「北哈」寨內又有「措河」、「木佳」、「戈巴戈」、「羅窩」等小寨子。每個小寨子只有二戶到五戶人家；這幾戶人家都是一個「家族」，或分屬兩個「家族」。

　　在較深長的溝中，村寨結構就複雜多了。如茂縣的黑虎溝，目前分為四個大隊：一大隊兒給米、二大隊藹紫關、三大隊耕讀百計、四大隊爬地五坡。一大隊又分為「兒給米」與「陰嘴河臺」兩個大村；過去與其他三個大隊共稱「黑虎五族」。每一大隊中又分幾個小隊；每一小隊中又包括幾個寨子。如「藹紫關」分為三個小隊，其中的二小隊中又有王氏寨、白石寨、板凳寨等等。

由於漢化影響，這兒的人與絕大多數本地村寨人群一樣，都有漢姓。因此每個村寨中，都有幾個同姓家族，如王家、李家等等。

經濟生態與資源競爭

　　一個村寨的經濟狀況好壞，與村寨的高度、方向和交通有關。一般來說，岷江東岸各溝及沿江的河壩地區由於日照強、有較低的山田，又因交通方便易外出謀生，生活條件較佳。愈往西、往北去，山愈高、谷愈深。或過於高寒，或處在陰山面，作物都長不好。若不易往外謀生的話，人們便需要到更深或更高的山中去建寨子。如此，岷江西岸許多寨子常坐落在很高的山上，或很深的溝中。一般說來，羌族地區都是高寒，土地貧瘠，居民生活相當艱苦。在這樣的環境中，羌族人民長於施展各種手段，來獲取任何可能的生活資源。「多元化」是羌族村寨中經濟生活的共同特

點。多元化不僅表現在農作物的種類上，也表現在多種的生計手段上。他們農、牧兼營，還在大山上採集藥材、菇菌與狩獵。農閒時男人還要到外地打工賺錢。

農業是羌族最主要的經濟活動。田裡的活，在春秋兩季農忙時男女老少都要參加。其他時間，大多是母親帶著女兒在田裡做事。羌族村寨居民常種許多不同的糧食作物，如小麥、玉麥（玉蜀黍）、斧豆、洋芋、燕麥、青稞、豌豆、洋根，以及蔬菜類的白菜、蘿蔔、油菜、甜菜、萵苣、菠菜等等。因此村寨中的婦女，幾乎終年都在田頭上忙。近年來，花椒、蘋果等經濟作物價錢很好。許多先進的羌族，都希望家裡的田能改種花椒、蘋果。但羌族婦女在這方面卻固執得很。怎麼說她們也不肯多撥一些田出來，種市場價格好的作物。高山深溝村寨中的婦女尤其保守。因為這兒的「傳統」是：以田裡的出產餵飽一家人，這特別是婦女的責任。因此她們寧可辛苦些，種多樣

的作物。只要有幾種收成好，便可保證一家人吃飽。因連年苦於長江水患，1999 年起，中國在整個岷江上游山區實行廢耕，羌族的傳統農業因此也停了。目前只能種些果樹、蔬菜，五年內由國家按畝補貼糧食。

　　羌族地區高寒，寨子內屋裡的火塘，幾乎整年都燒著木材。因此撿柴、砍柴是與民生有關的重要活動。一天由早到晚靠著柴火燒水、燒飯、燒豬食兼取暖，升起的煙還可以驅蟲、燻豬肉。屋外整齊堆積如牆的柴火愈多，愈表示這一家人丁興旺、家道富足；當然，如果沒有充分的人力，這是不容易做到的。較大的柴必須由大人砍了拖回來，小孩及青少年也常結伴去蒐集柴火。撿柴、砍柴有一定的地方，不可逾越本寨、本村所屬山林的範圍。柴火得來難易，各個地區不同。汶川與茂縣的大多數地區比較困難，松潘地區則容易得多了。無論如何，大多數的羌族家庭屋外都堆著遠超過日常所需的柴。

水磨溝的羌族村寨住屋，及屋外堆積的薪柴

　　打獵、採藥常幾個人結夥入山，在山中一住
便是一星期或更久。當前由於濫獵，動物少了很
多，因此打獵只能當作是好玩。冬季的清晨，夜
裡的小雪在地上鋪上一層白粉的時候，最適於追
蹤動物的足跡，因此這是打獵最好的時機。打獵
所用的槍，是一種填火藥與鐵丸的土槍；有些人
也能弄到能打子彈的槍。一般來說，愈往東邊靠
近漢區，擁有槍的人家愈少。愈往西方、北方接
近藏區，有槍、有好槍的人家也愈多。他們最希

望獵到的是獐子（香獐），因為獐子肚臍上有一塊麝香，可賣很好的價錢。最好的麝香叫「蛇頭麝」。據說是，當獐子躺在地上睡覺時，蛇被牠肚臍中放出的香氣吸引，鑽進牠的肚臍。獐子痛，亂跑，蛇頭就斷在牠肚臍中，漸漸形成一塊蛇頭骨隱約可見的「蛇頭麝」。在打獵活動中，經驗非常重要。因此年輕人多半只能打到些野雞之類，中壯年人偶爾可以獵到熊、獐子與狼。至於有沒有人打到金絲猴、羚牛或熊貓，我不能透露村寨中的秘密。打獵也需尊重各寨、各村、各溝的勢力範圍，否則容易引起糾紛。

挖藥是一項重要的家庭副業。羌族人對植物的認識，及其觀察之敏銳相當驚人。一個十來歲的年輕人，經常能以本地話（或漢話）說出數百種山中植物的名稱。陪同我到他處村寨去的羌族朋友，經常詢問當地人某種他們沒見過的植物的名稱及特色。他們也很有「神農嘗百草」的精神。他們跟我說某種菌子或果子有毒時，常常都是親

身的體驗。7月初，挖藥的青年人便帶了乾糧結伴上山。在林子裡搭一個草篷，人就睡在裡面。草篷外築個土窯；有些藥材就地烤乾了才帶下山去。隔個五天或一個星期，家裡的人便上山替他們送糧食，順便將挖得的藥材（或菌菇、獵物）帶回寨子。這些年有日本商人高價收購羊肚菌與香菌，因此附近產這些菌子的村寨，每年5、6月間家家都靠此發一筆小財。松潘附近的冬蟲夏草，以品質佳而馳名。一個松潘小姓溝的小孩，洋洋得意的告訴我一個「秘密」：冬蟲夏草的營養，都被他們採蟲草的小孩享用了。蟲草從春季薄雪覆蓋的地下被挖出來時，總會滴下一滴水來，這時小孩就湊著口把這滴水吞下去。

夏天在大山林子裡，採藥人以呼嘯聲來彼此聯絡。也藉此知道哪些地方已經有人在採藥，以及這些採藥人是不是「本地人」。各村寨有各自的挖藥地盤，不能隨便到別人的山上挖藥。在本村寨的地盤上，什麼都方便。我與本地朋友在山林

中，曾借用挖藥人留在營地上的馬——像借部腳踏車那麼方便。更方便的是，騎用完拍拍牠屁股，「腳踏車」便自動回到牠主人的營地去。在作為分水嶺的大山上，卻是個界線模糊的地帶。也就是在這裡，經常發生村寨間因挖藥、打獵發生的糾紛與鬥毆。1995年左右，在三龍溝與理縣各溝分界的大陽山上，曾發生因採藥鬥毆出了人命的事件。一個鄉上的書記抱怨說，當時為了「勘察現場」，他爬了四天的山才到達。

在大山上放養馬與犛牛，也是一項很好的家庭副業。當初人民公社解散時，少數幾個原屬牧業組的人家分到較多的犛牛，現在這些家戶都相當有錢。羌族的馬與犛牛整年都在高山上自己覓食，生養崽子。春耕時，村民會到高山上去牽一兩頭馴良一點的牛下來耕田。夏秋時，也常需牽幾匹馬下來馱糧食，或馱一位不能爬山的臺灣學者。冬季，牛馬還是在山上。只有在天氣變壞時，馬會主動成群下山，回到低海拔村寨的家中，但

犛牛還是留在山上。由於整年都在山上放養,因
此羌族的犛牛比鄰近草地遊牧藏族的犛牛要野得
多。因此上山查看牛群時,羌族人常帶著一小袋
鹽。將鹽一撒,原來怒目而視的公牛們立刻乖順
得像小狗一樣,搖頭擺尾前來舔鹽吃。這是讓犛
牛親近主人的一種策略。羌族地區的馬,都是以
善於爬山聞名的「川馬」。這幾年裡,這種馬常馱
著我翻山上寨子。川馬的缺點是,穿過密林時常

騎馬上山監看牛群　羌族人的馬,是以善於爬山著稱的
「川馬」。

不考慮牠背上是否坐了人。還有便是，這種馬的個子不大，騎在上面並沒有電影所見的馬上英姿。

像這樣的放牧，過去的風險是畜牲容易受熊、豹、豺狼的攻擊。現在野獸少多了。但小姓溝我所住的那一家人，還是連著兩年被狼咬死兩條牛。結果這家主人用炸藥埋在死羊肚子裡，才誘殺了一隻大狼，並把其他的狼嚇走。還有就是，過去上游村寨的人也常在大山上盜牛盜馬。「解放」後，情況好多了。但在改革開放之後，盜牛馬的風氣又死灰復燃。因此目前村寨中幾家的牛馬常養在一起，各家輪流派人隔數天便上山察看一次。上山看牛的青少年，常在山上留個三、五天到一個星期。高山草場，依各溝、各村、各寨劃分地盤，放牧時不可隨便越界。不用說，越界來盜牛馬更是犯村寨中的大忌。若因此被打死，家人與同寨的人也沒有顏面控訴或求償。秋冬時，牽幾頭牛馬下來賣。目前一頭犛牛約可賣到 2000 元人民幣的價格，這算是不錯的收益。但不是每一家

每年都有牛馬可以出賣。另外，每家都養豬與雞。雞自己在田野找食物，豬則餵一種豬草，或由小孩在山上「牧豬」，讓牠們吃一種野生穀類。黃鼠狼與豹貓是雞的殺手，鬧得兇的時候，整個寨子的雞都會被偷光。

可以直接賺得現金的活動，他們統稱為「找錢」。「找錢」的工作，多半是很花體力的工作。夏天，田裡的事交給婦女去做，成年男子幾乎傾寨而出到外地去「找錢」。他們所做的事大都是，修路、挖井、砌房子、伐木、挖井、賣藥材等等。大多數人只在阿壩州內找這些賺錢的機會，少部分人到成都平原甚至更遠的地方去謀生。到了9月才紛紛回到寨子，幫忙田裡的事。以石塊砌房子是羌族與黑水藏族最擅長的手藝；寨子裡的房子都是如此建造的。較漢化地區的村民通常已失去這項手藝，因此常需要深山村寨的人替他們建造這種房子。近年來由於九寨溝觀光成為當地的重要資源，因此拓寬公路與路況維修，為沿線羌

族民眾增加不少工作機會。

茂縣巴卓溝中的村寨年輕男女，找錢的方式是揹木墩子出去賣錢。天沒亮就起床上山，早晨近十一點到達「板場」——可以伐木的深山老林。各村寨都有自己的板場，不得讓外人砍伐。他們將砍下的大樹，削成長方條狀的木墩子。鎖上鐵環，穿上繩子，把木墩揹著走，或順山溝滑下去。回到村寨裡已是下午五、六點了。第二天，天還沒亮就再揹起重約七、八十公斤的木墩子走出溝去。約在正午時抵達水磨溝口，將木頭賣給商人。然後再走回村寨，到家時經常天色已暗。如此兩天的工作，所得賣木頭的錢大約是三、四十元人民幣。

由於出外打工、作生意都需要出遠門，因此「找錢」大多是男人的事。每年夏天，一夥一夥的岷江上游村寨男子到成都平原打工——從漢代以來便有這個傳統。現在「找錢」的方式更多元化了。修築保養往九寨溝的公路，需要大量的人

力；羌族得地利之便，可以在修路上得些收入。弄些真的或假的藥材，或「民族小刀」，到成都或松潘去賣（這一點黑水人最在行），也能掙些錢。前些年還可以受僱到山裡伐木，現在已完全禁止了。一些有頭腦的村民，賺錢的門路就更多了。他們有些包下地方道路工程，然後低價僱用本地人修路，賺取相當的利潤。有些人買輛小卡車，每天溝內、溝外跑幾趟，替溝中村民解決交通與農產品運輸的問題，也為自己賺不少金錢與聲名。

　　男人們「找錢」也有輕鬆的一面。在山上挖金、伐木或挖藥的年輕人，常聚在一起「擺條」（聊天）、喝酒或玩撲克牌。這可以花上半天的時間。到松潘或茂縣賣農產品或藥材的男人，更經常到處遇到熟人。一起吃飯飲酒，到處走走串串。以當地人的漢話來說，其實就是「耍」——玩樂。所以說男人「找錢」雖然辛苦，但有時也就是「耍」；這是天下男人的祕密。

　　以上「溝」中這些經濟活動的特色是，什麼

都要分地盤。各家有各自的田地。除此之外，撿柴、放牧、砍木頭、挖藥、打獵、挖金、採菌子等活動，都要遵守寨與寨之間、村與村之間、溝與溝之間的界線。這些「界線」，以及本寨、本村的地盤，據他們說是很久很久以前老祖宗傳下來的。雖然在法律上沒有規定，但基本上大家都尊重這些傳統界線。基層行政人員如鄉長、書記、村長等，也幫忙維持這些界線。這樣的資源劃分傳統，在鄰近的嘉絨藏族與草地藏族中也一樣。大約在 1998 年，地方政府重分配松潘縣毛兒蓋某村與紅原縣某村的草場，變更了傳統的界線，引發衝突。兩縣縣府調解失敗後，兩村牧民發生械鬥槍戰，雙方均死傷慘重。

在我們的世界裡，各個社會人群都想保護本群體的利益，同時也想擴張這利益，因此有許多國與國之間、民族與民族間，以及各社會群體間的衝突。在岷江上游如此匱乏的地區，自然更是如此。因為潛在嚴重的競爭、衝突危機，所以尊

重他人的資源範圍，維持人群間的資源「界線」
非常重要。這就必須靠著當地的山神信仰。

山神菩薩就是山界「界長」

　　一位松潘附近的羌族老人，曾向我解釋「山
神菩薩」。他說：

> 山神就是山界界長。其他沒有什麼神秘的
> 東西。祖祖輩輩，幾千年、幾萬年留下來，
> 這個不能忘；這個山坡是怎麼傳下來的。
> 為什麼要敬祂？敬的目的是為了保護自己
> 的地盤。有近的界線，有遠的界線；有近
> 的菩薩，有遠的菩薩。

　　不錯，在人群間的資源分享與競爭中，由下
而上一級級的山神，祐護由內而外一圈圈的村寨
人群及其資源。多少關於山神信仰的學術論文，

都沒有他的解釋來得真切而又傳神。我舉個例說明這地區的山神信仰，以及其與當地資源分享、分配的關係。我們在前面曾提到小姓溝埃期村。當地的梁嘎寨祭山神「當母革熱」；這個寨子只有五家人，雖然因人戶少被劃在二組北哈寨內，但它有獨自的草場、林場。北哈寨的山神是「覺宏喇薩」，這山神保祐北哈寨獨自的草場、林場。北哈寨與北基寨又共祭「雪務喇薩」與「切巴嘎烈」兩個山神，因此這兩寨又有共同的草場、林場。北哈寨、梁嘎寨、北基寨與節奢寨，這整個埃期溝的人共祭的山神便是「格日囊措」。因此他們也共同擁有及保護這個山神所領的範圍。在更大的範圍內，埃期溝的人認為松潘的「雪寶頂」山神菩薩（都如），保護松潘、旄牛溝、鎮江關、小姓溝（埃期在內）、松坪溝、紅土與黑水等地的人（地圖五）。

　　山神沒有人的形象，但各有坐落的地方。在一個特定的山脊樑上，堆一個石頭堆，這就代表

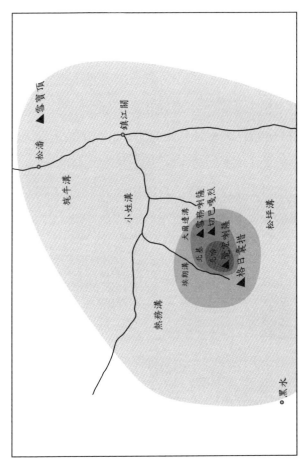

地圖五　松潘小姓溝埃期三寨及其鄰近人群的山神

某一位山神。當地人以漢話稱之為「塔子」，以「羌語」來說便是「喇薩」。這個山脊樑或山頭，有時也是各相關寨與溝的資源範圍分界線。如「格日囊措」山神所在的山，其背面就是南邊松坪溝羌族的勢力範圍。西邊的紅土藏族也知道「格日囊措」所管轄的範圍到哪裡，因此不會隨便越界。這兒的羌、藏族在祭自己的山神時，祭師會唸一大串山神的名字。除了自家由大到小的山神外，鄰近的山神也會一併邀來受祭。松坪溝、紅土、

塔子　村寨資源界線守護山神的標誌。

大爾邊各村寨的人在祭山神時，埃期溝的「格日
囊措」也在受邀之列。因此藉著山神信仰，一方
面強調自身山神所管轄的界限，一方面也表示知
道並尊重鄰近各村寨或各溝的山神及其轄區。

　　在靠東邊或南邊的羌族村寨中，特別是汶川、
理縣一帶，由於漢化的緣故，山神逐漸被敬奉漢
人道教、佛教神祇的「廟子」所取代。廟子中供
奉的是玉皇、觀音、東嶽、川主、二郎神等等。
在有些村寨中，一層層由小而大、由近而遠的山
神不見了，人們只祭一個山神，山神之上就是各
級的「廟子」。但廟子中的菩薩所扮演的，還是
「山界界長」的角色。如在茂縣黑虎溝，「兒給
米」村的一位老人對我說：

　　　　我們大廟子中間有三尊神。中間是龍王。
　　　　這是黑虎將軍。這是土主。上寨任、余二
　　　　姓祭土主。中寨就是嚴、王二姓，祭的是
　　　　龍王。下寨祭黑虎將軍。地界也這樣分；

這菩薩背後，朝這方向是中寨的；這菩薩背後是我們的；這菩薩背後是他們的。放羊、砍草都不能侵犯的。各大隊、各大隊之間，就更不能過去了。

所謂的大隊，便是前面我們提及的本地兒給米、陰嘴河臺、藹紫關、耕讀百計、爬地五坡等幾個大村，所謂「黑虎五族」。在這兒，陰嘴河臺的人祭川主廟，兒給米的人祭黑虎將軍，藹紫關人祭龍王，耕讀百計的人祭王爺，爬地五坡各村寨祭馬王。黑虎五族共同祭的，則是「天臺山大廟子」。雖然山神被廟子取代，但「神」還是保護「界線裡的人」。

漢話和鄉談話

以上我們從羌族的環境與經濟生態來看，一個溝中的人群是相當孤立的。他們與鄰近的溝中

人群嚴格劃分彼此的界線；他們的山神信仰也幫
他們固守這些界線。這個現象也反映在他們的語
言上。由於長久的區分你我，常常鄰近的村寨或
溝中的人，講的話都有一些區別。

　　本地話——我們稱之為「母語」——他們說
是「鄉談話」。顧名思義，這是在自己家鄉談話時
所說的話。那麼出了家鄉呢？在羌族地區最常聽
見的共同語言是一種四川方言，與一般我們所聽
見的「四川話」很相近。這種話，他們稱之為「漢
話」——漢人說的話。這種語言我說得很流利，
但在村寨中人們從來不覺得我這臺灣學者能說這
種話有何稀奇。因為這是「漢話」，他們認為所有
漢人說的都是這種話；臺灣學者也是漢人，當然
會講「漢話」。

　　所謂「鄉談話」，也就是語言學分類下的「羌
語」。其中包括許多彼此溝通困難的地方方言。這
些羌語方言，從某些語言學者的觀點，又分為南
部方言與北部方言；這兩個方言群中又各分為五

個地方土語。但讀者不要被「羌語」及其「方言」這些詞所迷惑。事實上,在同一土語群中的人們,彼此也不一定能用鄉談話溝通。羌族村寨居民常說:「我們的話走不遠。」由於各地口音差別很大,只能在很小的範圍內說得通。到鄰近的溝中去,羌族人便常覺得「這兒的人說話很快」,不容易聽懂。隔得再遠一點,就完全聽不懂了。即使在同一溝中,經常上寨與下寨的人,陰山面與陽山面的人,說的話都有一點差別。「漢話」則相反,在鄰近羌族、藏族地區可以到處通行,到成都、重慶,自然也說得通。由於這是一種西南官話,甚至到雲南、湖北、湖南、貴州去都可以通行。這兩種通行廣狹差別極大的語言現象,很難說哪一種是「奇怪的」。

由於現在生活接觸的範圍比以前大很多,因此羌族人百分之百都會說「漢話」。特別是負責出外「找錢」的羌族男人,講得又要比女人好。相反的,能說「鄉談話」的人則愈來愈少。我的一

位羌族朋友，他是一位熱心保存本民族語言文化
的知識分子。有一回，我的一位同僚語言學者找
他提供羌族語彙資料。經過兩天的折騰，最後他
只得將他沒讀過書的太太請來幫忙；他的「鄉談
話」忘得差不多了。這是很普遍的語言、文化與
認同現象——男人特別關心本民族的傳統語言文
化，但女人才是這些傳統語言文化的實踐者。

　　茂縣西路與北路各溝、各村寨的羌族，大多
能說鄉談話與漢話。更北方的小姓溝等地，鄰近
藏族的羌族村寨人群多能說三口話：鄉談話、紅
土藏語、漢話。岷江東路各村寨，幾乎都只能說
漢話，本土語言快丟光了。整個北川地區的「羌
族」，可能在他們祖父那一代就已經都說的是漢話
了。甚至於他們中相當一部分，祖先本來就是漢
人。在這些極度漢化的地區，在過去，人們並不
認為不會說「鄉談話」有何不妥，反而以自己漢
話說得好為榮。至今，他們還嘲笑西方、北方及
深溝中羌族或藏族所說的漢話。笑他們說的是「反

轉漢話」——將動詞放在一句話的最後。譬如，一位小姓溝老太太對我說的漢話：「你那麼大個子，飯只一碗吃呀！」——這就是他們所稱的反轉話。

近年來由於羌民族意識普遍的「覺醒」（包括原來自稱漢人者的羌族認同覺醒），所以一些有民族常識的中青年人開始覺得不會說「鄉談話」是很可恥可悲的事。因此他們希望能推廣羌語學習，也鼓勵自己的孩子們學講「本民族語言」。但村寨中的老年居民仍為了本民族的人「漢話不用學就會，羌話倒要學」這一點，感到十分困惑不解。而且，雖然曲谷方言已被選定為羌語「標準音」，各地能說鄉談話的村寨民眾仍認為只有本地的「羌語」最道地。

蠻子與漢人

　　在前面首先我介紹了羌族的歷史。這是一個
連我自己也不太相信的歷史──我主要是懷疑，
是否有一個「民族」在這歷史中延續？接著，我
描述了當前岷江上游與北川的羌族。他們有的是
山神的信徒，有的是大禹子孫。他們說彼此不能
互通的話，或者有些人說的根本就是漢話。他們
又分別住在一個個封閉的小山溝中。為何，我們
認為他們是一個「民族」──羌族？更重要的是，
前面所說的那個偉大的民族歷史，一個充滿戰爭、
失敗與遷徙的歷史，與那些村寨裡活生生的人究
竟有何關聯？

　　在羌族所居的任何縣分，除茂縣與北川外，
目前羌族人口都不超過百分之四十。在這些地方，

他們與藏族、漢族、回族共居。在羌族人心目中，回族與其他民族間的差別很大；回族信伊斯蘭教，不吃豬肉，大多是住在街上作生意的，而且極少與外界通婚。他們認為藏族和羌族有些相似，只是藏族比較野蠻些。他們更認為，漢族與羌族關係最密切，但漢族狡猾。所以羌族常強調，我們不是藏族，也不是漢族。但是回到五十年前，無論是在今日的藏族村寨或羌族村寨中，都很少有人聽過「羌族」、「藏族」這些名詞。

的確，中老年的羌族民眾都說，幾十年前，他們沒聽過「羌族」，自然也不知道本民族有那麼偉大的歷史。在這兒，我們觸及了一個棘手的問題。是不是可能，有一個幾千年來漢人一直很了解的客觀存在的民族，羌族，而這些人倒不知道自己這一群人是一個民族？或者說，他們是一個古老羌族的後代，只是現在都忘記了？現在研究民族與族群現象的學者大多同意，一個民族或族群是一個建立在成員彼此之認同及族群情感上的

群體；認同與情感來自於共同的社會歷史記憶。如果他們不知道所有的「羌族」都是一個民族，那麼一個山溝的人如何會認為另一山溝的人是我的「同胞」，而產生相互的認同與民族情感？或者，我們可以懷疑，在交通更不易的漢代，在廣大青藏高原的東部邊緣，散居山谷、草原的「羌人」之間是否存在民族認同與民族情感？

我們無法回到漢代去問問青衣羌、白馬羌，他們與河湟西羌之間的血緣關係與情感。但是，三、五十年前岷江上游與北川居民們的「認同」，中老年人記憶猶新。從他們口中，我們可以知道在成為「羌族」之前，究竟他們認為自己是哪一個「民族」，哪些人是他的「同胞」。以及，後來他們怎樣成為「羌族」。

當代族群研究者有一種特別的研究法：在解釋「這些人是誰」之前，先了解他們自己認為「我們不是誰」。這就是「族群邊緣研究」：由人們的「異族意識」來了解一個族群。在二十世紀上半

葉，當本地人大多沒聽過「羌族」時，在這地方最普遍聽到的是「蠻子」與「漢人」。在岷江上游，每一地區的本地人都認為蠻子與漢人是「外人」或「異族」。在北川地區，則自稱「漢人」的本地人，認為上游的人都是「蠻子」。我要介紹的便是五十年前本地人心目中的「蠻子」與「漢人」。雖然在 1960 年代以後，這兒的人都成了羌族、藏族或漢族，但直到今日他們還記得，過去哪些人是蠻子，哪些人是漢人。

蠻子是住在山上愚笨、老實的人

我們先來聽兩個流行在岷江上游的神話傳說。第一個故事說，三國時的周倉是一個本地人，氣力大，但有勇無謀。他見到漢人來得愈來愈多，欺侮本地人。於是他就想把汶川城外的雁門關堵住，讓漢人無法進來。雁門關是一個緊狹的隘口。周倉計畫用一個大岩石把這隘口堵起來。周倉是

周倉的蠻子形象　有力氣無頭腦，表現在「周倉揹石塞雁門」故事中。

個陰間的神，像鬼一樣，只能在夜間行動。他在夜間把一塊大岩石揹到岷江邊上時，關羽知道他的計謀，便學雞叫。周倉是個又笨又老實的人。聽到雞叫，他以為是天亮了。於是他匆匆的把岩石丟下就跑。所以現在「周倉坪」那兒還有一個大岩石，像個房子那麼大。手扣著的地方，背揹的地方，都還有印痕。

第二個故事是由諸葛亮西征，七擒七縱孟獲說起。孟獲是當地的蠻王，有勇無謀。他打不過諸葛亮，就只好順服。雙方在灌縣那一個蠻坡渡談判。孟獲說，打不過你，我就隨你處置吧。諸葛亮說，我也不要求什麼，只要你讓我一箭之地。孟獲想，一箭之地也沒有好大嘛；就答應了。諸葛亮一箭射出去。但前一天他已派人將一支箭插在打箭爐那兒。於是打箭爐以下都被漢人佔了。

這兩個故事，都說明這些住在山上的「本地人」的形象：笨、老實、容易受騙，有勇無謀、氣力大。用一句當地的漢話說，便是「蠻子」。我

們再看看漢人民俗文化中周倉與孟獲的形象。在民間三國人物圖像中，他們都是身強體壯，面目黧黑猙獰的漢子。這也是傳統中國人心目中的「蠻子」。

前面那故事還沒說完。孟獲看見諸葛亮一箭射到打箭爐，灌縣以上都要讓給漢人。便說，你要我以後怎麼辦呢？諸葛亮說，高官你儘管去做。孟獲聽成了「高山上你儘管去住」。所以現在本地人的房子都修在高山上。這兩個故事同樣是說，本地的人笨，易上當受騙；同時也解釋為何這些人要住在山裡面。

所有這些住在岷江流域山間的本地人群，過去都認為本地人比起漢人來有些笨，只是身體比漢人強壯；甚至大多數人現在仍這樣想。由這一點來說，這兒所有山區的人，只要不是漢人，就都是蠻子。但他們當然知道，「蠻子」是別人罵他們的話。有趣的是，一個村寨的人群常認為，比起下游的漢人來，本地人是很笨，但不像上游村

寨人群那麼笨。而且，上游村寨的人又要比本地人結實強悍些。因此他們常認為，真正的蠻子是住在上游的那些人。

在北川地區，情況又有些不同。在過去「蠻子」或「獰玀子」，都是城鎮居民對青片、白草河流域土著村民的辱稱，也是青片、白草河流域每一段的土著村民對上游村落居民的辱稱。因此大家都自稱漢人，沒有人認為自己是愚笨的蠻子。以下是一位青片河的老人對過去的回憶。他說：

> 我們喊裡面的人獰玀子。就是說，你來問蠻子在哪裡；我就說，蠻子還在裡頭。我們不會承認，承認了你就會整我們。我們不承認，就說，獰玀子還在裡面。你再進去，他們還是說獰玀子在裡面。這就是以前的大漢族主義讓我們伸不了腰。

他們把這當作笑話。過去常有粗魯的漢人到村子

裡來，說：「這裡是不是蠻子的地方，我要找蠻子買豬。」村民說：「我們是漢人，你要再走進去，蠻子還在上游呢。」這些下游來的商人，走到更深山的村寨，人們還是這麼說。於是，他們便一直在山中打轉。

蠻子是愛偷、搶，蠻橫不講理的人

在前面我曾介紹，在岷江上游的羌藏族地區，愈往西、往北的上游去，農業條件就愈差，人們就必須用些特別的手段來謀生。這些手段包括偷、騙、搶。

到別人的林場打獵、採藥，算是最低層次的偷。較嚴重的是，偷盜別人放養在山上的牛馬。在過去，發生這種事時，寨子裡的青壯年人會持槍翻山越嶺追趕盜賊。追上了，常就把人打死在山上。更可怕的則是，村寨裡一些人帶著刀槍，結群一起盜牛盜馬，或在路上打劫。由於上游村

寨的人又窮又兇，所以這種搶劫都是往下游去。也因此，對於每個村寨來說，上游的人群都是可能會來偷盜殺人的人。雖然這村寨中一些膽大的人，也常結夥到下游去偷、搶，但村寨中都不齒這樣的人，或根本否認本寨有這樣的人。所以，當地人會承認自身是住在山上較笨的「蠻子」，但不承認自身是會偷盜的「蠻子」。

　　「蠻子」是住在山上較笨的人，這是漢人的觀點。接受漢人的觀點後，本地人認為只要不是漢人都是「蠻子」，因此也承認自己是這樣的「蠻子」。至於會偷盜且蠻橫不講理的「蠻子」，這是本地概念；沒有人會承認本地人是這樣的「蠻子」。在岷江東岸的永和溝或水磨溝，這樣的蠻子以鄉談話來說便是「飛兒」，指岷江西岸各溝的人（特別是黑虎人），或茂縣北路的人，如楊柳溝、牛尾巴的人。在岷江西岸的黑水河流域，鄉談話稱愛偷盜的蠻子為「赤部」或「識別」，都是指上游一些村寨的人。如黑水河由下游往上游去，最

下游的黑虎人認為鄰近的三龍及更上游的人群都是「赤部」。三龍人則認為上游的窪底及自此以上的人都是「赤部」。窪底人則認為更上游的赤不蘇人與黑水人都是「赤部」。赤不蘇人則認為真正的「赤部」是黑水人。

他們認為，上游的蠻子更常見的惡行是不講理。譬如，偷來的牛被原主人找到了，還要對方付照管牛的錢才准贖回去。攔路強買強賣，或以高價賣假藥材。在小店裡藉酒裝瘋，砸店或白吃白喝更是常見。一個三龍人跟我說他遇到蠻子的倒霉事。他到黑水縣的知木林去運木材。三個「猞貓子」──野蠻罪行最嚴重的「蠻子」──強搭他的車，坐在木材頂上；其中一個老頭至少有七十多歲了。結果車重心不穩，過橋時翻到橋下去。他掙扎著從倒在溪中的車裡爬出來時，心中還想，那老頭莫要摔死了。上了岸，沒想到那三個知木林人已坐在岸上抽煙了。那老頭還威脅他賠錢，因為翻車把他們嚇到了。這是近年發生的事；到

現在他還認為那些人是「猼玀子」。

　　「猼玀子」這「尊稱」通常是給黑水人的。牛尾巴寨的人稱黑水人為「拘格部」，對這種人他們深惡痛絕。黑水人過去常翻山過來，偷牛尾巴寨的牛馬。牛尾巴，在過去也是以強悍著稱的大寨子。於是兩邊在高山上發生過一些武力衝突。據說，最嚴重的一次，牛尾巴一群青壯男子帶著武器上山護牛，夜裡因為守夜的人睡著了，幾十人都被「猼玀子」殺死在山上。理縣的雜谷腦，過去是所謂漢番貿易的重鎮。老一輩的人還記得，黑水「猼玀子」來劫市時，尚未見人先聽見馬隊亂蹄聲中夾雜著淒厲的呼嘯。對理縣的人來說，這聲音可真是催魂奪魄，讓人嚇得腿軟。

　　松潘的小姓溝，當地人對好偷好搶的黑水人也深惡痛絕。過去與黑水人打過幾次，他們還記憶猶新。

　　「大安」是黑水的一個村落，他們一貫愛

來這裡偷牛盜馬。有一次他們六個人到這來偷牛盜馬，在鎮江關路上把人搶了，還把一個女娃子打了一炮。寨娃子！他們沒走，在金洞洞裡藏到。鎮江關的人一來，一包圍就抓到了。死了好多人。把他們拿到土官那。土官說，不要打，銀子、衣服拿來賠就沒得事了。某某的舅爺他們幾個人不肯，就把這幾個寨娃子綁起來槍斃了。黑水那「大安」、「窩追」的人又來報仇。小姓溝的人都出來，有大爾邊的、羅布沖的，聯合起來跟他們打。

「猼獵子」成為蠻橫不講理的人的泛稱，也是茂縣村寨人群對黑水人或松潘人的稱呼。但嚴格的說，「猼獵子」只是指黑水人中最強悍的小黑水人。前面那翻車事件中的三個「知木林人」，便是小黑水人。如前所言，過去黑水河流域由下游而上游，一截人罵另一截人「蠻子」；罵到最上

游，小黑水人便是最後無可否認的「蠻子」。清末民國時，漢人一直將他們當作一個特殊的民族，「猼獵種族」，就是因為他們實在太「特殊」了。民國時期，當「民族」的觀念傳到這地區，鄰近沒有任何一個族群願說小黑水人跟自己是同一個民族。三年前，我到知木林作調查時，除了年輕

小黑水的婦女　她們現在是「說羌語的藏族」，在民國時期則曾被當作是「猼獵子民族」。

人仍隨身配刀外，這兒並無特別之處。但七十年前，我的歷史語言研究所前輩，黎光明、王元輝先生在松潘的體驗便不一樣了。當年，他們在松潘城等機會到小黑水走一趟，但聽得的都是一些恐怖的故事。後來有幾個軍人要到小黑水去辦

事，黎與王原想跟著去，後來還是覺得信不過這些人，打消了念頭。結果這幾個軍人的槍全被「猼玀子」搶了去，還被殺了兩個人。因此黎光明等人只能在松潘城探聽有關這「民族」的點點滴滴。他們的報告中，對黑水地區的「猼玀子」有一段生動的描述：

> 在他們的區域內，幾乎每個成年男子都能以搶劫為其副業。他們常在挖地的時候，砍柴的時候，或是打獵的時候，只要有目標發現順便就搶劫起來。有時往往一個帶鐮刀的猼玀子，可以收拾三、四個有槍的旅客。間或他們也三五成群攜帶武器，離開本土，出外行劫；松潘東路上的雪嶺便時常有這土匪民族的蹤跡。但是西番有時穿著氆衫短褲，利用猼玀子的招牌在各處行劫的也不少。猼玀子之行劫，殊不必問其目的物有無被搶的價值，多半先把人弄

死之後再說下文！就是只有一把鐮刀、一
條麻索的樵子，也有被他光顧的資格。

　　小黑水人對於他們的如此「聲名」，也無意辯
駁。他們還有一套說法。據說清初岳鍾琪打金川
時，帶來一些猓玀兵。戰事完畢後，命他們留居
當地。但這兒的生產環境實在很差，於是這些猓
玀兵問：「你教我們在這兒吃啥呢？」岳鍾琪說：
「你們可以打槍為生。」意思是要他們以打獵為
生。但他們聽成是「打搶」為生。因此他們說自
己是「奉旨搶人」。小黑水人的強悍，還有一個例
證。二十世紀三、四十年代時，黑水頭人蘇永和
崛起。靠著黑水各溝各寨的村寨戰士南征北討，
結果統領川康雪山草地間三十三溝半各村寨部
落。國民政府軍隊在四川潰敗後，殘軍都紛紛逃
到這山區尋求蘇某的保護。但蘇永和對於近在家
內的小黑水四個部落，始終是無可奈何。

蠻子是窮、髒、有毒且淫亂的人

城中的漢人，普遍認為村寨中的蠻子又窮又髒。每一地區村寨的人，也認為上游村寨的蠻子又窮又髒。這不完全是主觀的歧視與嫌惡；愈往河流上游去，經濟生產條件愈差，人們便愈窮。食物、衣著、住處也都只能簡陋些了。黑水河上游的村寨，或小黑水各村寨人群，他們在過去以喜好打劫著稱，簡單的說也是為了一個「窮」字。但是，以鄰近的上下游各溝來說，人們在生活起居與衣食上好惡程度都差不多。因此認為上游的蠻子窮、髒，也表現了人們相當主觀的歧視與嫌惡。

在這地區，流行疾疫比毒蛇猛獸更可怕。過去常常整個寨子的人，都罹患傳染病而滅絕。當地人也常認為，由於上游的人髒、生活條件差，所以病都是由上游傳來的。或者，他們認為上游村寨的水有毒，或食物不乾淨。因此到上游村寨去作客時，他們對於主人家的食物飲水都很小心。

相反的，他們強調本地人是愛乾淨的。有趣的是，被認為是又窮又髒的蠻子，也自認為本地人是愛乾淨的，又窮又髒的是更上游的那些人。這樣的觀念，直到現在還是如此。在我離開一個村寨往上游村寨去時，當地人常常警告我，到了上游村寨去少喝他們的水，注意他們的食物。

另一種上游村寨人群的髒與毒，與男女性行為有關。人們認為上游村寨人群不講倫理，亂搞性關係，因此身上常帶著毒。上游村寨的女人，人們也認為，在婚前婚後都亂搞性關係。家庭中也常沒大沒小；父女翁媳不分，一家人圍著火塘睡覺。事實上，並沒有這回事。據我所見，在整個岷江上游及其支流黑水河與雜谷腦河流域，各個地方的人都很著重男女之防與婚姻倫常。只是這些社會倫常，各地不盡相同。他們知道下游的「漢人」常取笑他們一些奇怪的婚姻與性交風俗。他們說，這些都是無中生有的。因此，每一地區的人都要極力否認他們有這些習俗。但他們仍認

為上游的「蠻子」有些奇怪的婚俗與性習慣。即使在最上游的松潘或黑水，過去被稱作「西番」的人群中，仍然如此。黎光明與王元輝在他們的報告中曾提及：如果問「西番」一種怪習俗，他們總是回答說：「猼玀子才有這個規矩。」就是這意思。大家都把一切壞的、邪惡的、髒的，推給上游的村寨人群。

雖然如此，在婚配方面，他們倒不嫌棄從上游地區討媳婦。他們認為，由於窮，上游村寨的女人能吃苦、肯做事。不像下游那些漢人村寨的女子那樣，好吃懶做，又愛往外面跑。因此他們願意為兒子娶上游村寨的女子。但是鄰近上游村寨來的女子，又不能是「蠻子」女人。因此在婚姻談判中，女方的舅舅就要會「吹」，要強調本家族沒有「赤部」、「識別」或「漢人」的根根。即使是最上游的黑水人，在談婚事時舅舅還是要聲明本家族的「純淨」。一個小黑水老人對我說，從前在談親時必須說一番話：

上去我不是「識別」的根子，下去不是漢族。我是爾勒瑪，是神龕上有名字的神那個根根。下去成都皇帝的簿子上有我的名字，上去「識別」草地頭人那也有我的刻刻（指木頭上的刻記）。我不是一般般的。結婚時舅舅要說這些話。他們這裡（指下游河壩地區）有些人漢族根子有，「識別」根子有，「赤部」根子有，他就不敢說這些話。現在這些話很少說了；怕說了得罪人。以前排藏族、排漢族厲害得很。隨便結婚，父母被逼得跳河都有。

從這番話我們可以知道，從前這兒的人如何在乎「血緣」的純淨。由於女人多半是從外地嫁來的，因此女人，特別是年輕貌美的新婦，最常成為村寨裡閒言閒語的對象。深怕她帶來一些「蠻子」的血統與習俗。於是人們對於「蠻子」的恐懼與敵意，常發洩到由上游村寨嫁來村裡的女人

身上。甚至認為她們是會放毒害人的「毒藥貓」，在夜間變成各種動物害人。

漢人移民

在前面我曾提及，過去許多歷史上的「羌人」都成了漢人。或者，許多原來住著「羌人」的地區，後來都被漢人移民佔了。但這些「羌人」並沒有成為可憐的「原住民」。相反的，他們宣稱自己是這些漢人移民的後代，因此讓自己成為「中國政治文化霸權」漢族的一分子。對他們來說，自然也沒有遺忘自己祖先的悲情。

我們知道自秦漢以來，便有中國的駐軍、官吏及商人，住在岷江上游各城鎮之中。他們的後代在哪兒，我們很難追究了。無論如何，這幾個城鎮如通化、茂縣（茂汶）、汶川（威州）等，都是中國在此的軍事、政治與經濟中心。至少在明清時期，城內住的都是漢人，沒有任何「西番」或「羌

人」住在城內；誰願意在這兒被人們一天到晚罵作「蠻子」？這幾個城鎮還有一共同特點：都有關於「大禹」的一些古蹟。這應由於，中國古文獻中有「大禹生於汶山郡廣柔縣石紐」的記載。自古以來，一些有學問的漢人到這舊稱汶山郡的邊遠地區來。閒著也是閒著，他們看見有紐紋的石頭，便說這是「石紐」，看見紅色的岩石就說這是「刳兒坪」。就這樣，到處都有大禹的遺跡了。

明、清以來，又有大量的漢人移民來到此地。據說，明末流寇八大王張獻忠屠四川，把四川人殺得只剩下一條街的人。然後，清初政府便把湖廣的人強迫移來四川。聽說，當時是將手綁在背後，繫著一串人拉來的。他們說，所以四川人到現在還喜歡背著手走路。這也說明為何四川話「小便」叫「解手」；解了手上的繩子才能小便嘛。這就是所謂的「湖廣填四川」。其中一部分「湖廣人」到了岷江上游。清末民國時期，又有外地漢人陸續進入岷江上游地區。他們多來自鄰近岷江

流域的川西平原，安岳、綿竹、灌縣、北川、安縣、崇慶等地。這些人追溯起自己祖先的來源，仍然說是從「湖廣」來的。清代人所稱的湖廣，是指湖南、湖北及廣西這一廣大地區。為何人們記憶中的「故鄉」不是某縣某地，而是「湖廣」這麼廣泛的區域？沒有人弄得清楚。能說得出祖先來自於湖廣何處的，祖籍大多是「湖北麻城孝感」。這也沒有人弄得清楚是真是假。由明清至民國時期，許多「湖廣」漢人移民來到這裡，後來又有許多人自稱是這些漢人移民的後代。在岷江流域及北川地區，這樣的過程一直在進行。於是在這四川西部邊緣，現在您到處都可以聽到漢族、羌族與藏族說「我祖先是從湖廣來的漢人」。

所以，岷江上游地區之所以出現大量的漢人，不只是那些漢人移民生養眾多子孫，更重要的是他們帶來的漢人祖源記憶。這成為一種大家都可以採借的「祖源記憶」。我舉個例子。汶川之南涂禹山附近有一些「土民」村寨，他們過去是瓦寺

土司的屬民。瓦寺土司家族，在明代時受中國之
邀由衛藏地區來此平亂，後來便駐紮在本地，分
兵屯墾。從第一代土司「雍中羅洛思」(或稱桑朗
索諾木)到二十四代土司索觀澐，都有家譜記載。
索觀澐去世時，當時的監察院長于右任還手書「世
代忠貞」來弔念他，及讚揚這個家族。但是民國
十八年左右，歷史語言研究所的前輩黎光明先生，
卻在本地聽到瓦寺土司家族來源的另一個版本。

> 河南人有桑國泰者，在張獻忠勦四川以後，
> 帶了四個兒子到四川做移民。長子桑英落
> 業於灌縣。次子桑貞落業於金堂、彭縣一
> 帶。三子桑勳回了原籍。四子桑鵬便來到
> 汶川，到土司家裡承襲了土司職。

「土民」在民國時期已相當漢化了。在民間
傳聞中，也為土司找到一個姓「桑」的漢人祖源。
事實上，土司家族過去姓「桑朗」，後來又因清朝

皇帝賜姓「索諾木」而改為姓「索」。瓦寺土司由姓「桑」改為姓「索」還有一個故事。據說清朝中國皇帝有一天在睡夢中，夢見太和殿前院庭中一棵大桑樹，長得愈來愈高大茂盛，枝葉逼近大殿的屋簷。第二天，皇上把這夢告訴他的大臣。臣子們警告他，要注意一個姓「桑」的人。就在這一天，瓦寺土司「桑朗」來晉見。於是皇帝就要他改姓「索」，意思是要他「縮一縮」。當地的人說，過去瓦寺土司家是很旺盛的，自從改姓「索」以後，就每況愈下了。就是因為皇上「縮」了他。無論如何，這家族與河南人「桑國泰」似乎沒有什麼關係。

　　無論祖籍何處，的確有一部分漢人移民進入岷江上游。若不是為了逃兵災、逃饑荒或逃追緝，或為了作鴉片買賣發橫財，誰願意到這鳥不生蛋的地方？他們中一部分人在城中做小買賣，或替人做工過活。更有一部分，到村寨中去「上門」。上門，就是成為入贅女婿。這兒一般村寨中，無

論為了家庭生產或為了整個寨子的防衛，都很缺
乏男性人力。因此他們很樂意接受漢人難民，來
此成為村寨的一分子。後來久了，在較漢化的村
寨中，許多人都說自己的祖先是「湖廣」來的漢
人，承認本家族是「土著」的愈來愈少。

　　由於漢人的風俗、宗教、移民與「祖先記
憶」，漸漸進入村寨之中。到了清代，城外也有了
漢人村里。隴木、靜州、岳希等土司與朝廷關係
相當好，地又接近岷江大道，因此他們的屬民首
先成為編戶的漢人。後來，有踏花、白溪等村寨
要求地方官府准他們納糧貢賦役。這是出於土著
自願，或是當地官員以「百夷順化」來邀功，實
難追究。無論如何，這些村寨地區被命名為新民
里、廣民里；它們在清代當地方志中成為「漢民
九里村落」。

　　道光年間，大姓、小姓、大小黑水的土司們
也要求讓他們的子民成為中國編戶。當時川西及
本地的知府、知州等大小官員，還浩浩蕩蕩的組

團來這些村寨考察。他們是否真的來到村寨中考
察，或到「九寨溝」觀光去了，沒人知道。無論
如何，他們回來後，給皇帝的報告上說：各寨夷
民環跪著要求，說我們這些人久沐天朝聲教，言
語、衣服和漢民都一樣，也有很多人能讀書識字，
所以希望能成為中國的盛世良民。當地土官也說，
這些老百姓已和漢人差不多了，我們也很難管他
們，所以希望中國派官來管。這就是本地「改土
歸流」的背景。因此朝廷恩准大姓、小姓、大小
黑水、松坪等五個土官所管的五十八寨，都編入
茂州的漢人里甲之中。據道光年間編的《茂州志》
記載，大姓、小姓、大姓黑水、小姓黑水四地的
「土百戶」（土著首領）祖籍都是「湖廣」，松坪
土官的祖籍則是陝西——信不信由你。

　　民國十七年，沿襲中國漢代以來的邊防傳統，
二十八軍在岷江上游駐防。也沿襲漢代以來中國
邊防軍調查當地民情的傳統，二十八軍軍部所屬
「屯殖督辦署」編寫了一本關於當地民族、政情

的調查報告。其中稱住在城中的漢人為「客籍漢人」。原先漢民里中的漢人，便成了「土著漢人」。這份資料中又稱「客籍漢人」多是作生意的，或靠技藝為生。「土著漢人」則大多是種田的。資料中描述「土著漢人」的性情是，質樸、渾厚、性喜潔、怠惰。看來，這些「土著漢人」像是些怕被別人視為「蠻子」的「漢人」或「蠻子」。

本土觀點中的漢人

以上清代到民國地方史料中所稱的「漢人」，事實上只是中國官方的看法。在民間，究竟誰是「漢人」，情況可有些複雜。首先，道光年間中國地方官員說大姓、小姓、大姓黑水、小姓黑水、松坪的人民都相當漢化了，因此把他們編在漢人里甲中。這是當地土司與中國地方官員聯合起來哄皇帝高興的謊言。事實上直到 1950 年代初，除了接近疊溪的大姓、小姓之外，這些沿黑水河流

域的村寨居民受漢化影響仍很輕微。土著漢化程
度，在此是由東向西、由南向北遞減。或者，愈
離開岷江大道的深山村寨，漢化程度愈低。

　　其次，清代汶川、茂縣等地部分村寨土著，
雖然在語言、文化上已相當漢化，也都有漢人姓
名，但這並不表示在當地漢人眼中他們就是漢人
同胞。老年人都記得，當時（民國時期）城裡的
漢人還稱他們為蠻子。倒是上游村寨的人認為他

茂縣三龍溝的高山村寨　過去這兒的人被下游村寨的人
視為「蠻子」。

們是「而」，意思就是「漢人」；他們則以「蠻子」回敬對方。被他們稱作「蠻子」的上游村寨人群，被更上游村寨的人稱作「而」，爛漢人。譬如，在大、小黑水人的眼中，窪底或三龍人便是漢人。但窪底或三龍人，卻不認為自己是漢人；他們認為下游沙壩、黑虎的人才是漢人。沙壩、黑虎的人，也不認為自己是漢人；他們認為漢人在疊溪與茂縣城內及附近。究竟，誰是漢人？

更複雜的是，他們雖說本地人不是漢人，但卻常閒話村寨內哪些家族是漢人的種。或者相反的，如談話的對象是一位漢人，包括臺灣來的漢人學者，他們也樂意透露本家族的秘密──祖先是來自湖廣或川西的漢人。因此，岷江上游村寨中究竟有多少家族的祖先是「漢人」，這永遠是個謎團。理縣桃坪的牛山寨一個村民對我說，當地絕大多數的人都是「湖廣填四川」來的。桃坪位在雜谷腦大道邊上，離汶川也很近，因此這兒過去有很多漢人來是可以理解的。然而同縣一個邊

遠的深溝，蒲溪溝，當地人也說祖先大多是外地
來的漢人，就有些不可思議了。從前這兒的人很
被理縣其他各溝的人瞧不起，認為他們是蠻子。
在一個爬得我腿軟的高山村寨裡，一位蒲溪溝休
溪寨的老人對我說：

> 休溪王家有五大房，是五弟兄分家出來的。
> 五弟兄，傳說是張獻忠勦四川時從湖北來
> 的。不肯過來，背著手被押過來的。所以
> 四川人愛背著手。搬來再到石堰場，有三
> 弟兄，一個來這裡，從湖北麻城孝感來四
> 川。周家來得遲，他們是灌縣崇慶州來的。
> 葵寨，一寨子都姓祁，他們也是遷來的；
> 山西還是哪裡，不曉得。休溪徐家的宗譜
> 上說是山西來的。大蒲溪余家，認家門要
> 到崇慶州去，余家也是崇慶州的。

根據他的說法，這兒幾個寨子中大多數的家

族還都是由漢人地區來的。這樣把始祖追溯到外
來漢人祖先的家族，在岷江上游地區相當普
遍。那麼，這些家族在談婚配的時候，要說自己的祖
先是「漢人」嗎？並不。相反的，他們需要強調
本家族的本土性，說本家族是道道地地的本地人。
有漢人根子，或有「蠻子」根子的人都不好。但
相對來說，他們比較在乎由母親那帶來的血緣「污
染」，也就是由母親那可能帶來「蠻子」血液。至
於家族父親一系是否有漢人的根根，大家就心照
不宣了。因此在談婚配的時候，舅爺要來吹噓女
方這個家族的血統有多好多好。這並不是他們的
奇風異俗。我們「文明世界」的人不也是如此？
雖然我們的「血緣」來自於父母雙方，但在強調
一個家族認同或本土認同時，我們心中也常是有
父無母，或有母無父。

漢人是聰明狡猾的人

　　無論是罵別人「爛漢人」，或被別人罵「爛漢人」，在他們心目中「漢人」都是聰明狡猾的人。我在前面曾提到「周倉揹石塞雁門」等故事。這些故事也說明本地人對漢人的刻板印象──漢人都像故事中的關羽、諸葛亮那樣聰明、狡猾，本地人總是受他們的騙。

　　另一個故事說，有一回本地人與漢人打仗。本地的兵一直攻到灌縣，到了灌縣的白沙城下。漢族打不贏，就用計謀。編了一雙草鞋，有五尺長，放在城門外。削個五丈高的木頭扁擔，靠在城牆上。又用紅薯、玉米等做一團屎，五尺高。本地人老實，看到這些就嚇到了。心想，這兒的漢人那麼大，怎麼跟他們打。於是就撤兵回去。

　　不但漢人狡猾，漢人的神都狡猾。松潘一個故事說，雪寶頂菩薩聽說峨眉山很高，想要去拜訪祂。峨眉山菩薩也聽說雪寶頂山很高，想去拜

訪祂。於是兩個山神菩薩都化作人，往對方的地方去。在路上雙方遇見了。雪寶頂菩薩沉不住氣，表露自己的身分，並告訴這陌生人他要去見峨眉山菩薩。峨眉山菩薩聽了，卻隱藏自己的身分，並悄悄的回去，大剌剌的坐等著雪寶頂菩薩來。因此，雪寶頂菩薩來拜見峨眉山菩薩，從此就比祂矮了一截。

清末到民國時期，由於岷江上游山區險阻，官方清查不易，鴉片被引進來種植。鴉片的種植，大多是外來的黑道商人與本地土司勾結。鴉片生產又吸引一批外來漢人光棍「趕煙場」，在鴉片生產、買賣中獲利謀生。隨著「趕煙場」而來的是黑社會組織「袍哥」的勢力，以及藉「鏟煙」為名行豪奪之實的川西軍閥與國民政府軍隊。於是，「漢人」在本地人眼中除了狡猾之外，又多了些惡狠兇暴。前面我幾次提到的黎光明先生，我所服務的中央研究院歷史語言研究所的前輩，後來離開本所，矢志服務邊區。後來他當了靖化縣（金

川）縣長。金川離岷江上游地區只隔一座大山。當時這地方是身兼國民革命軍勦共司令的袍哥頭領杜鐵樵的大本營。杜鐵樵躲在這山區，操縱鴉片種植買賣。1946 年，黎光明為了鏟除鴉片煙，藉著請杜鐵樵來縣府看戲，誘殺了這袍哥首領。當晚，袍哥即圍攻縣府，次日縣府被攻下，黎光明先生遇害。杜鐵樵的袍哥手下還下令不許人們收葬縣長的屍體，因此黎光明先生死後還受到曝屍三日的報復。這也可見當時在這地區漢人無法無天的情形。

這些城鎮中的漢人地頭、惡霸與軍警，平日與村寨老百姓接觸不多，因此村寨群眾們也很少直接受這些漢人的害。倒是，山間村寨的人有時出溝到外面去作買賣或打工，經過下游村寨或小鎮時，經常被小孩子扔石子喊「蠻子來了」。大人們也跟著取笑他們。如茂縣水磨溝的人走到溝口，就被當地的人罵蠻子。但溝口的人走到茂縣縣城附近，又被當地人罵蠻子。這時，他們就會回罵

道,而訴嘎,意思就是爛漢人。這也就說明了,為何下游村寨的人都被他們視為「漢人」。就如一個青片上五寨人的回憶說:「下邊的人他們就叫下巴子,狡猾。我們老實得很,我們說一句算一句。我們俗語說,十個漢人代不得一個蠻子。」

進了城裡,山寨來的人更是受氣。經常受到漢人商賈的強買強賣,或被一些賴皮搶了錢去。為了納糧繳稅而跟地方政府衙門打交道,他們更是視為畏途。所以許多經常要到城裡作生意的村寨老百姓,都要在城裡找個漢人當「乾爹」。乾爹可以幫忙介紹買賣,幫忙到政府衙門辦事,有了事出面幫忙說話。當然,村寨的人對城裡漢人乾爹的四時孝敬也少不了。

清末民國時期紀念何卿的北川漢人

北川的情況,與岷江上游有些不同。明代的北川,仍屬蠻荒地區。河流沿岸有幾個由軍堡發

展而成的小城鎮，裡面住了些中國邊疆官員、軍隊及小商人。有軍隊保護的地區，逐漸有漢人移民來開墾。西北方青片河、白草河流域的山中土著，在中國文獻中被記載為「羌」或「番」；在本地民間，則被漢人稱作「蠻子」。宋、明以來中國軍隊與移民逐漸深入青片、白草河流域，最後終於引爆明代的「青片、白草番亂」。在前面我曾提及，何卿將軍如何平定這「番羌之亂」。何卿的打法是邊打邊拆村子，使得村民無法藏匿或支持「叛軍」——這是世界上許多「文明社會國家」的部隊，對付「叛軍游擊隊」的辦法。最後何卿在白草河中游的走馬嶺一役，把白草羌殘軍全殲滅了，同時捕殺了幾個領頭的土著好漢。

　　青片、白草土著的「叛亂」被平服了，本地漢人得到開墾、經商與生活上的安全保障，因此何卿成為當地漢人的英雄。何卿在這川藏之間還立了許多其他的戰功。中國皇帝對這樣的人總是得防備些，就把他調回朝廷去。何卿離開後，他

在本地真的成為「神」了。1538年，北川軍民在壩底堡建了個「何公生祠」，替他在裡面塑個像，好讓大家「朝夕瞻仰」。後來，北川各地的漢人都蓋起何公祠來感激何卿。為了紀念那一場偉大的戰役，其中一個何卿廟就蓋在白草河中游的「走馬嶺」上。這廟又稱作「走馬廟」，因為何卿被稱為「走馬將軍」或「白馬將軍」。由明到清，在原來「羌番」的大本營白草河流域，感激何卿的「漢人」愈來愈多。到後來，竟然沒有人承認自己是「蠻子」，當然也沒有人不感激何卿。

這就是我要說的，在清末民國時期，北川地區的漢人與岷江上游地區漢人不同的地方。在岷江上游地區，雖然一地的人被上游村寨的人視為「漢人」，但他們不認為自己是「漢人」；他們說「漢人」是下游村寨的那些人。但是在北川地區，各村寨的人都稱自己是「漢人」，稱上游村寨的人群為「蠻子」。因此自稱「漢人」的，也被下游的人稱為「蠻子」。

　　如此在北川白草河流域，三、四百年之間，說漢話、自稱漢人的人，從下游一直往上游擴張。從前的「番界」成為今天的「漢地」。這種由族群認同改變造成的漢人「邊界」變遷，也表現在一則傳說故事之中。據說清朝時，北川的漢番界碑原來在白草河下游距治城只有四十五里的大魚口。當時有一個白草番民劉自元，自小就好讀聖賢書，愛慕中原文化。他為了想參加科舉考試，努力學習八股、詩賦，通過了鄉試。當時只有漢民可以參加縣裡的考試。所以當他參加縣試時，別人就密告主考官，說劉某是「番民」。劉自元辯說，他是歸化之民，居住在漢人地界內，並說有碑為證。主考官就與他相約一起去勘界。在半途過夜時，劉自元趁著夜晚趕往大魚口，將漢番界碑揹起，連夜移到北川與松潘交界的崇山峻嶺之中。第二天，主考官見界碑還遠在上游地方，就許他考試了。

　　一夜之間，劉自元揹個石碑走上百餘公里，

放下石碑再折返回來，這真是個神話。當年何卿屠
之未盡的白草土著，他們的後代反都成了感激何卿
的漢人——若非這樣的神話，如何反映此神奇？

爾瑪與羌族

　　由上一章中我們可以看出來，二十世紀前半葉在岷江上游地區，「本地人」雖認為自己不是「蠻子」與「漢人」，但他們卻被下游的人稱為「蠻子」，被上游的人群視為「漢人」。由「異族意識」的觀點，可以說，每一小地區的土著都是一個「族群」或「民族」。沒有錯，在五十年前這兒每一個溝，或一地區幾個溝的居民們，都認為本地人是「爾瑪」。「爾瑪」在當地是一種人群自稱，就像是臺灣的泰雅族人自稱「泰雅魯」，賽夏族人自稱「賽夏特」一樣。有趣的是，雖然鄰近一條溝的人也自稱「爾瑪」，但自稱「爾瑪」的溝中人群卻認為鄰近各溝的人不是漢人就是蠻子。

　　這現象有趣，但卻不稀奇。在北川地區，過

去的情形不也是如此?在這兒過去沒有人自稱「爾瑪」，都自稱是「漢人」。但一地區的人無論如何自稱「漢人」，在下游地區人群的眼中他們還是「蠻子」。在我們當代世界各「文明先進社會」裡，又何嘗不是如此？在狹隘的認同下，人們常不願去了解或接受我們的鄰人對本土的認同。人們不在乎這些鄰人是否與自己同樣自稱「美國人」或「印度人」，而以褊狹的「標準語言」與「正確歷史」將他們排除在「我群」之外。

茂縣黑虎溝的羌族婦女

　　以下我們要談談「爾瑪」，以及「爾瑪」如何
又成為「羌族」。事實上，情況有些複雜。首先，
我只是以「爾瑪」來代表這個自稱詞；由於口音
不同，這族群自稱在各地都有些差別。事實上，
只有理縣東部各村寨的人自稱「爾瑪」。汶川附近
各村寨的人，一般自稱「瑪」。茂縣岷江東岸永和
溝與水磨溝的人，都自稱「磨爾」（他們說好像是
用漢話喊「貓」一樣）。茂縣西路與北路，又有
「爾勒瑪」、「日昧」等不同口音的說法。語言學
家告訴我們，這都是羌語不同方言間的變異。但
我要告訴讀者的是，自稱「爾勒瑪」或「日昧」
的人，在過去並不認為那些自稱「磨爾」或「爾
瑪」的人是「我們這一族」的人。人們根本不在
乎上游或下游村寨的人自稱是什麼；在他們看來，
反正這些外人不是漢人就是蠻子。

　　因此，「爾瑪」（我們還是以這個詞來作代表）
就是在蠻子與漢人等異族包圍中的「我們這一族
人」。現在他們學會了「民族」這個詞之後，這些

山間的人說，「爾瑪」就是指本民族。但不要誤
會——在過去這「本民族」並非指的是「羌族」。
他們說，過去本地人的觀念裡「民族」的範圍很
小；通常只是指自己所住的這一條溝的人。出了
溝，就不是「爾瑪」的地方了。這就是為何，他
們把所有以上各溝的村寨人群都視為「蠻子」，以
下各溝或小鎮上的居民都當作是「漢人」。那麼，
像這樣夾在「蠻子」與「漢人」中的「爾瑪」，又
是怎麼樣的人呢？

爾瑪是老實但有點笨的人

首先，前面我曾說過，當地人都認為「漢人」
狡猾；因此「爾瑪」便是常受漢人欺侮的老實人。
在前面提到的那些故事中，周倉、孟獲，以及雪
寶頂山神，都因為老實才會受漢人或「漢神」的
騙。到現在，還有些村寨中的人認為周倉是「爾
瑪」的神。周倉有勇無謀，周倉力氣大、面目猙

獰，這些都符合漢人所塑造的「蠻子」形象。受了漢人的歧視，許多村寨中的人也就接受周倉是本民族的「神」了。如果您對於為何一群人會如此糟蹋本民族形象，而覺得難以理解，我可以舉個例子說明。這就像是，在接受了男人賦予女人的一些刻板印象後，有些母親會責罵自己的兒子：「不要像女生那樣好哭沒出息」。這是同樣的道理，所以岷江上游的土著並不特殊。

他們又認為，漢人的聰明狡猾，是因為漢人有文字、能讀書。相反的，「爾瑪」有些笨，是因為他們沒有文字，沒有書。當地還有一個普遍流傳的故事，說「爾瑪」原來是有文字的，寫在一本經書中。後來在過河的時候，將書打濕了。他們就把書攤在一個大石頭上曬。結果一隻羊走過來，把經書吃了。所以「爾瑪」從此就沒有文字了。沒有文字，就常受有文字的漢人欺侮。

還有一個故事說，從前有一次，「爾瑪」與漢人打仗。後來雙方談和，要來分地盤。說好各佔

各的地，佔完了就作上記號。於是，漢人在石頭上刻字作記號。「爾瑪」不會寫字，就把草綁在一起，打個草結作記號。地分好後，漢人放一把火，將所有的草木都燒了，只剩下刻了字的石頭。所以地都被漢人佔了，「爾瑪」只好退到山溝溝裡頭來住。

他們又認為，「爾瑪」是有點笨，但又不像「蠻子」那麼笨。而且，除了極少數例外，所有自稱「爾瑪」的人都自豪本地讀書識字的人多。他們常嘲笑「蠻子」笨，沒讀書、沒常識。

爾瑪是潔淨的人

自稱「爾瑪」的人，都認為本地人愛乾淨。這似乎是由於他們知道「漢人」常認為「蠻子」又髒又臭，所以為了否認自己是「蠻子」，他們特別強調本地人是愛乾淨的。但同時，他們也認為上游村寨人群──蠻子──又髒又臭。至於是否

愈上游的人群，的確就愈髒或身上愈有味道？這倒是不一定。村寨婦女經常辛勤打掃屋內，沒有上游下游之別。據我所見，愈到了上游貧困地區，屋中或村寨中的垃圾反而愈少。這是由於狗、豬將遍地所有可吃的都吃光了。而且天空明朗、空氣清新，沒有空氣與水污染的問題，也沒有塑膠及金屬垃圾。然而地屬高寒，整天屋中都燒著柴，人身上有一股煙燻味是免不了的。我從田野回來後，常一個月中身上還帶著一股醃臘肉的味道；這是我喜愛的「寨子味」。事實上當地每個人多少都帶有這樣的煙燻味，也沒有上下游之別。

還有一種乾淨，是嘴巴乾淨，特別是不能說與性有關的事。由少數民族地區搭長途汽車出來，我常在車上打盹。當耳中聽得車中乘客談話中的「粗口」漸漸多時，不用張開眼睛，就知道已漸漸進入漢人地區了。「粗口」就是我們說的「三字經」，髒話。在臺灣，我也有同樣的經驗——原住民的國臺語中髒話少。岷江流域與北川地區村寨

中的人，對於說「粗口」是絕對不許的，他們也不說與性有關的黃色笑話。他們常說漢人嘴不乾淨，就是這個道理。特別在女人面前，說話更要小心。茂縣牛尾巴寨的一個中年人告訴我說，女人不能在都是男人的場合，必須避開。男人不能在女人面前說粗話或放屁。他說，十一、二歲時，他在嬸嬸面前放了一個響屁，羞得他到現在還一直儘量躲著他嬸嬸。「爾瑪」男人愛開玩笑，尤其是在一起喝酒時。即使在這種場合，他們也不會說黃色笑話。與這相關的潔淨，便是性與倫理關係的潔淨。「爾瑪」 認為本地人特別著重倫理關係，重男女之防。他們常以此批評上游的「蠻子」女人，或下游的「漢人」女子。他們認為蠻子女人性觀念開放，不重倫理關係；漢人女子則愛到處亂跑，跟外面男人隨便談笑，不守規矩。

還有就是，他們很在乎家族根根的「純淨」。所謂的一個人根子好，就是指他的祖先不是蠻子、漢人或討口子（乞丐）、痲瘋病人。「爾瑪」就是

道道地地的本地人。但他們常閒言閒語，說哪一家的母親或祖母是蠻子地區嫁來的，或哪一家的男性祖先是漢人地區來上門的。到現在，吵架吵得兇的時候，他們還是要以「蠻娘漢老子」互相咒罵的。

爾瑪就是羌族

現在，除了黑水地區外，當地人們都說「爾瑪」就是羌族。經過民國以來的歷史研究與民族調查，原來在這地區界線模糊的漢人、爾瑪與蠻子，分別被劃入漢族、羌族與藏族。羌族的範圍，依據國家所認可的民族分類、識別原則來訂定。這個民族分類、識別下的羌族，主要是根據語言學家的「羌語」分類所訂定的。也就是說，即使兩地區的人話說不通，但由語言學觀點這是同一種語言，這兩地的人便是一個民族。當然，這個羌族的範圍，還需要以種族、歷史、文化與人民

意願來修正。譬如，北川白草、青片地區那些原來自稱「漢人」的山村民眾，雖然不會說「羌語」也沒有「少數民族文化」，但中國歷史記載他們的祖先在明清時曾是「羌番」，所以他們也可以成為羌族。當地幾乎每個家族都有真實或虛構的「湖廣」籍男性祖先，因此他們也可以成為漢族。由於成為羌族有些實質的好處，所以當地「人民意願」傾向於成為少數民族。黑水地區的情況又不同。雖然當地的本土語言被學者證實是「羌語」，但由於黑水地區的土司頭人們在過去一直與嘉絨藏族通婚，也與嘉絨、草地藏族爭雄爭霸。黑水百姓則與鄰近藏族供奉同樣的喇嘛，趕同樣的廟會，因此在主觀感情上他們不願成為羌族。而羌族人則認為黑水人太野蠻，也不願接受這些人為「同胞」。因此黑水人在民族分類上成為「藏族」。

這就是，近代以來在世界各處都曾發生的「民族化過程」的一部分。透過民族學、歷史學、體質學、語言學與考古學等等研究，「羌族」的範圍

茂縣牛尾巴羌族的年節儀式：舞龍 當地龍的信仰，是
一種混合本地傳說與漢文化因素的民間信仰。

與民族特點愈來愈清楚。國家根據這些研究成果
劃分、識別各個「民族」。被識別為「羌族」的
人，也根據這些研究成果來了解自己，並積極找
尋、展現本民族的文化。因此，事實上是學者們
創造了「羌族」。

　　至於村寨居民如何成為「羌族」，以及在這過
程（民族化過程）中學者、國家與土著之間的互
動關係，根據採訪所得，對這些我也有些了解。

為了避免寫得像學術論文，以下我虛擬一個發生在五十年前某天的故事，來說明其原委。

五十年前的某一天，一位地方幹部帶著幾位學者到了黑虎地區。他們跟當地人說，你們是歷史上古羌族的後裔；羌族是個偉大的、歷史悠久的民族。黑虎村寨的人問：什麼是民族？什麼是羌族？經過一番唇舌之後，一位讀過古書的村民，給了「民族」一個很好的解釋——不是漢人的人就是民族。他說，我們黑虎五族不是漢人，所以我們就是羌族；羌族就是「爾瑪」，也就是黑虎五族。幹部與學者們表示，大致就是這樣。他們接著說：不過，羌族過去是個很大的民族，現在雖然人少多了，但根據我們的研究，這兒往上去三龍、赤不蘇與黑水的人也是你們羌族同胞，下去茂縣、汶川那的人也是羌族。有些村民反對，有些沉思，有些相互爭辯。後來，他們接受茂縣、汶川那兒的「漢人」是羌族，三龍、赤不蘇那些「蠻子」也是羌族；但是，他們認為黑水人實在

太野蠻，「黑水獚玀子」不可能是羌族。

這是我虛構的故事。事實上，這個虛構的發生在某一天的事，其前因後果是一個經歷了數十年的過程。在這過程中，本地人學習誰是羌族，誰是藏族，誰是漢族。經過學習後現在他們終於覺醒——「赤部」、「識別」就是藏族，就是指松潘、黑水那的人；「而」就是漢族，指汶川以下的人；羌族就是「爾瑪」，包括汶川、茂縣、理縣東部、松潘南部與北川的一些人群。現在他們普遍認為，過去由於人們沒知識，以及民族內部的隔閡，所以把許多自己羌族同胞都誤認作「漢族、漢人」或「藏族、蠻子」了。以下這段永和溝人的口述可是真實的；反映了現在與過去「磨爾」（爾瑪）包含人群的變化。

> 羌族通稱「磨爾」，漢族是「而」，藏族是「識別」。黑水那的人，我們小時候稱他們「識別」，赤不蘇的人也是「識別」。以前

「磨爾」的範圍說得小；現在理解了，就知道大家都是「磨爾」了。過去說，這溝溝裡的人都是「磨爾」，就感覺親熱些；都是羌族。隔一條溝溝，隔兩條溝溝，像黑虎鄉那邊隔了一條河，就認為他們是藏族「識別」了。以前汶川那、溝口那的人都算是「而」了。

我們再聽下面這一段赤不蘇人說的話。所謂的「爾瑪」，他們稱為「日昧」。同樣的，我們也可以從中發現「日昧」概念的變化。

「日昧」的範圍，過去在我們那就是說，朝下游的就是漢族，朝上游的就是藏族。我們一直有漢族、羌族、藏族的分法。藏族就叫「識別」——是這樣的，三龍人認為我們是「識別」，我們又認為黑水人是「識別」，黑水人又認為他們是「日昧」，

黑水縣以上的才是「識別」；不會推很遠。
到現在我還是認為，藏族在上面，漢族在
下面。到七十年代還有很多人搞不清楚哪
些人是「日昧」。

　　這位中年人說，他們一直有漢族、羌族、藏
族的分法；事實上過去只存在「而」、「日昧」與
「識別」之分。而且這位赤不蘇人也知道，過去
下游的三龍人認為他們赤不蘇人是「識別」。

　　大多數的北川羌族成為羌族的時間更晚。在
1970 年代，整個北川也只有青片上五寨有「羌
族」約兩百人以及「藏族」一千多人。今日絕大
多數的北川羌族，都是在 1980 年代出現的。下面
這是一段小壩鄉民的口述：

　　　我們在八十年代初才改為羌族。以前都是
　　漢。當時，外來的人都叫我們山蠻子。我
　　們也用一些詞回敬。五十年代初，也有一

些人報藏族，但又不會說藏話，所以沒被
承認。到了八十年代，才被認出來是羌族。
被叫山蠻子時，也沒人說自己是羌族。但
我們許多人跟茂縣那有親戚關係；他們早
就被認出來是羌族了。

首先在 1982 年，青片上五寨的許多藏族與漢
族恢復了他們的「羌族」身分；此時北川羌族約有
2000 人左右。從此以後，羌族認同像是流行感冒

北川的羌族家庭與川西漢人沒有差別

一樣,由上游往下游傳染;只要一個地區成為羌族
鄉,緊鄰的下游地區便有理由成為羌族鄉。這就
是,過去不願成為蠻子時「一截罵一截」,現在希
望成為羌族時「一截攀一截」。到了 1985 年,三年
之間北川羌族總人口增加 20 倍,約有 40000 人。

二、三十年前還在感激何卿的那些漢人,如
今成了羌族。說起過去「封建王朝統治階層劊子
手何卿如何屠殺羌族」,大家則不勝感傷、憤慨。
「走馬嶺之役」成為北川羌族人民的「共同受難
記憶」。如今他們說,本地人從來沒有拜過何卿;
走馬廟中所祭拜的「走馬將軍」,事實上是被何卿
屠殺的羌族領袖。如此,當年的政治受難者坐上
了走馬廟的神位。

羌族文化

在過去,每一條溝的人都認為本地人就是一
「族」的時候,在服飾、年節習俗上各有各的特

色。現在，當大家都成為羌族時，人們一方面還是強調本地的特色，另一方面也強調大家作為「羌族」的文化共性。或者說是，村寨的老百姓還是喜好強調本地的特色，並嘲笑鄰近溝中村寨的「異端」習俗；城鎮中的羌族知識分子，則熱心於找尋、建構本民族的共同「民族文化」。

這些羌族知識分子心目中的「羌族文化」，特別是指色彩絢麗的民族婦女服飾，歡樂洋溢的羌族鍋庄舞與羌曆年，以及古老神秘的端公與大禹文化等等。這些目前都是讓羌族人民足以自傲的本民族傳統文化。「傳統文化」顧名思義，自然是老祖宗傳下來的本民族風俗習慣。但，往往不是如此。以羌族的民族服飾來說，這種鮮明的羌民族文化，在二十世紀上半葉並不存在。特別是常需出外「找錢」的男人，誰會穿著「特殊」而讓別人一眼就認出這是「蠻子」呢？

成為「民族」之後，透過各種「民族畫報」與電視「民族風情」節目的鼓吹，色彩豔麗的服

飾成為中國少數民族的特徵。也因此，有特色的
民族服飾成為一種少數民族間的競爭。譬如許多
羌族人民認為，藏族與彝族的服飾很漂亮，因為
他們是古羌人的後代；那麼，羌族的服飾自然應
是更漂亮才是。又譬如，黑虎人認為本地的黑虎
五族是羌族的核心，當地的民族服飾也就是最傳
統的、最有特色的羌族文化。近年來，這些美麗
的服飾又引起觀光客的興趣。為了滿足外來觀光
客的「異文化」癖好，並與鄰近地區羌族爭奪觀
光客的荷包，各地的羌族服飾也就愈來愈有「民
族風味」了。然而，男人們到底還是小心謹慎些。
由於他們覺得「少數民族」與「蠻子」意義相近，
所以「民族服飾」由婦女來穿著就可以了。

在北川地區，前面我說過，這兒的「少數民
族文化」可能已消失一百餘年了。無論在城鎮在
村寨，「羌民族服飾」都是見不到的。但一位北川
羌族知識分子告訴我：

> 我們曲山鎮的羌族幹部，家裡羌族的服飾
> 都是全的。現在中華民族都在穿外國時興
> 的服裝；我們羌族自古以來在服飾上就不
> 追風趕浪，其他少數民族也是一樣。現在
> 在民族服飾上，我們有恢復的趨勢。西方
> 的技術可以學，我們中華民族的根不能改。

這話中所稱的「羌族幹部」，也就是縣城中熱心本民族文化的羌族知識分子。由他的話中，我們可以體察「民族文化」經常只是知識分子的集體建構與想像。在北川各村寨中，看不到有任何民族服飾「恢復的趨勢」。在城鎮，人們熱衷於買幾套由茂縣來的「羌族服飾」放在家裡，這倒是事實。

年輕婦女穿著豔麗的民族服飾，在「羌曆年」的慶典中跳著「鍋庄」舞，這已成了當前羌族文化的特徵。其實，除了「羌族服飾」表現一種創新的文化外，「羌曆年」與「跳鍋庄」在過去也不

茂縣永和溝的羌族家庭　只有婦女穿著本地服飾，是許
多中國少數民族中的普遍現象。

是一種普遍的「羌族文化」。「羌曆年」源於「牛
王節」；一種曾經流行在川西農村的信仰。在每年
陰曆的十月初一，農村人民為牛王菩薩慶生。在
岷江上游與北川一帶，這信仰過去只流行在較漢
化的村寨中。1988 年始，阿壩州政府將這一天訂
為「羌曆年」，汶川、茂縣、理縣、北川等縣輪流
辦慶祝活動。但是許多村民都還記得，這原是「牛
王節」。茂縣一位老人對我說：

羌曆年，我們不曉得，以前沒有過；那一
天正是牛王節。牲畜比較多的，比較信那
個。泡個咂酒，敬牛王菩薩。我們那兒的
一些老年人，對於把我們羌曆年定在牛王
節，很反感。為什麼把我們的年定在牛王
節？把我們當牛嗎？

在北川，有些人甚至說得出「牛王節」是如
何成為「羌曆年」的。

羌曆年現在有爭論。現在這十月初一，是
在理縣那幾個寨子調查的吧？而且他們也
叫「過小年」，不知為何弄成「羌曆年」。
現在茂縣的人還問，怎麼把個十月初一變
成羌曆年了。我說，我還要問你們呢。八
七年在成都，每一縣派些人去跟羌族老紅
軍何玉龍過羌年，十月初一。後來就成了
傳統。八八年在茂縣，八九年在汶川，九

十年在理縣，九一年在北川——就這樣形
成了。現在老百姓對這也反感；他們認為
不是十月初一。

　　無論如何，這只是少部分老年人的看法。大
多數的村民還是樂於在「羌曆年」那幾天，到城
裡去湊湊熱鬧、跳跳鍋庄。
　　「鍋庄」，就是過去曾流行於岷江西岸地區的
「沙朗」歌舞。雖然過去許多村寨都有這歌舞傳
統，但並沒有一個「羌族鍋庄」——各地有各地
的跳法。跳鍋庄是大夥兒手牽手，邊唱邊跳。若
問他們唱的是什麼；抱歉，沒有人知道。許多地
區的村民還告訴我，這個「羌族傳統歌舞」是近
年來年輕人到城裡去學回來的。

羌族語言

　　在民族語言方面，二十世紀五十年代以來的

民族識別中,「羌族」的範圍主要是指「說羌族語言的人」。然而,實際上所謂「羌語」(在當地被稱作鄉談話)在各地、各溝村寨人群間都有相當大的差異。隔一段居住距離的人群,便無法以此語言溝通了。1985年起,在四川省民族委員會語文辦公室的主持下,一項羌族文字創制的計畫開始進行。為了創造這拼音系統的羌族文字,首先便得有一個「標準羌語」才行。於是,北川、理縣、茂縣、汶川、松潘等地的羌族知識分子代表被推薦出來,集中在成都、汶川等地接受語言學的基礎訓練。往後近十年間,他們分組下鄉調查,開會討論、研究。最後,決定以「曲谷方言」為標準羌語,以此制定拉丁拼音的「羌族文字」,制定相關的《羌語詞典》。並在汶川的威州師範學校建立「羌文班」,培訓標準羌語文師資。同時在此過程中,這些羌族知識分子也致力於羌族文化的蒐集、研究與推廣。

雖然如此,目前各地羌族間的共同語仍是「漢

話」（川西方言），而且顯然改變不易。許多羌族
中老年人對於「漢話」與「鄉談話」的看法是：
我們羌族人「漢話」不用學就會，但「鄉談話」
倒需要學才會。這讓我們這些熟悉「母語」定義
的人懷疑，究竟什麼是他們的「母語」。或者，也
可以使我們思考，「母語」似乎常是社會權力關係
中知識分子的集體建構。

　　無論如何，每年 7 月間許多羌族父母們都到
處送禮、請託，爭著將自己的小孩送入「羌文
班」；並不是為了羌族認同，而是因為，這是進入
當地民族師範學校的最低分科系。對於學業成績
不理想的孩子來說，拜民族之賜，這是最後一個
吃公家飯的機會。

羌族歷史：一個過去很強大的民族

　　我們又回到「羌族歷史」了；但在這兒我要
談的是本土觀點的羌族歷史。前面我們曾提到「羌

族歷史」，這個「歷史」經過羌族知識分子的吸
收、選擇、傳布，目前所有的羌族都略知一二。
對大多數的溝中村寨居民來說，他們有興趣的只
是「羌族過去是個很強大的民族」。至於其他的細
節，那有什麼重要？我們聽聽一位松潘小姓溝的
少年怎麼說「歷史」：

> 羌族人以前很行，很霸道，很多人都想殺
> 他。他們就聯合起來，羌族就一個一個的
> 被殺了，羌族就四處亂跑。羌族就在各地
> 成家立業。羌族以前有很大的一塊地方，
> 很霸道。

如果您覺得這歷史太簡單了，再看看一位汶川縣
政府的地方幹部怎麼說：

> 羌族在中國歷史上的地位嘛，在炎黃以後，
> 形成華夏民族，羌族是重要的部分。形成

許多部落後，爭地盤。又因為沒有統一的語言文字，沒有團結起來，在戰亂中引起其他民族的不滿。他們就結起來，與羌族作戰。打了很多代，七、八代，打分散了。雲南、貴州、越南、緬甸、柬普寨，聽說都有羌族。遊牧羌流落得比較廣，包括大小金、四土、黑水、馬爾康。後來秦始皇中央集權，情勢又更惡化了。漢代羌族幾乎佔全國人口三分之一。因為歷史長，有優越感，說大禹如何如何。但是當地羌族可能沒有一個人知道羌族的歷史。

多了炎黃、華夏、秦始皇、漢代等漢人的歷史概念，以及雲南、貴州、越南、緬甸等國內外地理概念，其他則沒有改變。最重要的是，「羌族過去很強大，後來被打散了」這歷史，對這些山間的人群而言，一方面可以解釋為何本民族的人都散居山間，一方面也可以藉以想像哪些地方的人也是本

民族的子孫。他們最愛談的是鄰近的藏族、彝族與
許多西南少數民族,「也是我們羌族的後代」。聽聽
下面這一位有民族知識的羌族怎麼說:

> 彝族是羌族的後代,藏族也是羌族的後代。
> 羌族是最古老的民族,以前很強大,後來
> 分成十幾種民族。雲南那的白族、普米、
> 納西、景頗、傈族,都跟羌族同一個祖宗。
> 華夏族,華就是漢,夏就是羌;這是歷史
> 學家研究出來的,華夏就是漢羌。

當今藏族與彝族人口分別比羌族多出 25 倍
與 30 倍。當然羌族人說起這兩個鄰族都是羌族的
後代時,心中都不免有些佔了便宜的喜悅。但是
這說法,在藏族和彝族中便有各種不同的反響。
有些藏族與彝族默默接受這標準版的歷史,有些
人甚至積極的與古羌人攀親,以建立一擴大的藏
族或彝族。但是在大藏族主義或大彝族主義下,

更多的藏族、彝族知識分子質疑：為何一個小不點的羌族，竟是他們的「祖先」。一個北川羌族得意洋洋的對我說：

> 以前西南民族學院的那老師講羌族的來歷。我們覺得藏族人多，漢族人更多，為什麼要講羌族？他說，羌族以前很強很好戰，被打散了，就一部分到藏族地區，一部分到西南的彝族地區，流浪到那兒就改變了族別。一部分流竄到阿壩州的茂縣、理縣，就是現在的羌族。我們下課後，彝族的同學不服氣，藏族的同學也不服氣。他們說，羌族人那麼一點，還說我們的祖先是羌族。我們還去問老師。老師說，書上就是這樣說的。

因為書上是這麼說的，所以藏族、彝族幾乎沒有反駁的機會。羌族不只是認為當今許多中國

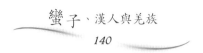

少數民族與漢族中有古羌族的後代,「被打散的羌族」甚至可能分布在世界任何的地方。

> 我聽過日本最早還是中國這過去的,跟古
> 羌人有關係。越南人跟古羌人也有關係。
> 這是七、八年前的事了;一個外國記者說,
> 羌族到日本去了,所以日本打中國時,有
> 人說不要殺了。一個外國記者在中國學中
> 國話,她才 25 歲,是日本人,一個女的。
> 她問我們是什麼族。然後說,我們都有羌
> 族的根根。蘇聯也有羌族人;有人看見他
> 們穿的皮掛子跟我們一樣。現在羌族應有
> 好幾百萬。

以上這段一位羌族婦女的口述歷史中,特別提到日本人與羌族的關係;這在羌族中是普遍流行的觀點,值得一談。

羌族是日本人的舅舅

前面那位松潘小姓溝的少年，在講完羌族以前很強大後來被打散之後，接著他把「羌族」之所以能從歷史中復活，歸功於羌族後裔日本人的尋根。他說：

> 解放後，還有日本人的頭頭來。他說，羌族是日本人的舅舅；說，羌族怎麼沒見了。所以後來茂汶就弄一個羌族自治州，就有了羌曆年，這就是日本人問起的。

認為羌族與日本人有密切的文化與歷史血緣關聯，這樣的觀念目前在羌族中十分普遍。我們來聽聽以下兩則羌族人的說法：

> 日本人也有來北川這兒作研究。日本人認為他們的祖先很可能是羌族，所以對羌族

有興趣。他們說，日本人與彝族特別接近；
彝族的祖先就追溯到羌族。

我們那最近也聽說過日本跟羌族的關係。
他們說，日本有一個地方的人跟我們赤不
蘇人說的是一樣的話。還有日本人到我們
那去調查，在找他們的祖先。現在學術界
就斷定了日本人是西南一支民族；彝族就
認為日本人是他們的後代。現在很多人都
說我們的話像日本話一樣。

不僅是羌族人如此想，似乎在彝族地區，人們也
認為日本人是彝族的後代。一位北川的羌族幹部
對我說：

九二年我在涼山當兵，我聽說日本來了一
個考察團，來考察彝族與日本人的關係。
來了 150 人在涼山住了兩個月。說日本人
的生活習慣與涼山上的人基本上有百分之

八十是一樣。譬如說，把乾海椒弄成串串，還有包穀的收藏方式，都是一樣的。彝文的書寫方式基本上與日文相似。彝語與日語百分之十都是一樣的。我在黨校有幾個彝族的同學，他們說，如果你把日文學好了，來學彝語、彝文很方便。如果你會彝語，要學日語也方便。

據我了解，近十年的確有一些日本學者在羌族、彝族地區作研究。為何會造成羌族人民普遍認為「日本人是羌族的後代」？這是個值得玩味的問題。我一再強調，羌族不是一個有奇風異俗或有怪異滑稽想法的民族；他們只是單純、不掩飾的表達我們人類的一些共同特質。目前在民族主義下，居住在狹隘封閉的山溝中的羌族，想像全世界都有羌族存在。居於東亞海島的日本人，從上一世紀以來，也不斷的透過各種學術活動，在滿蒙地區、東南亞地區尋找日本人的血緣與文化

根源。即使如「中國人」那麼大的民族，也曾在學術研究中將本民族的範圍擴及中南半島。同樣的，中南半島各國的部分學者（如泰國學者），也曾將其國族想像擴大到中國西南地區。羌族人民只是不懂得如何用「學術」來表達或掩飾這些族群想像而已。

羌族是大禹的子孫

在前面我們曾提起，從前漢人居住的城鎮，如汶川綿箎、理縣通化、茂縣鳳儀、北川治城，都有大禹的遺跡。當地漢人流行祭拜「大禹王」。跟著漢化的腳步，大禹王信仰也逐漸深入山間村寨之中。後來，當這些村寨成為羌族村寨，城鎮成為民族自治縣的行政中心時，大禹王可沒有被驅逐；祂也登記成了羌族。

過去在歧視「蠻子」時，這些中國西部邊疆的漢人誰會將崇高的「大禹王」當作是蠻子的神呢？在北川，民國時本地的大禹廟常常也是「湖

廣會館」；「湖廣填四川」是本地漢人的共同記憶，誰會把「番羌」的神放在漢人的會館中呢？大禹由漢人的祖先或神變成羌族的祖先，只因為奉祀祂的人們由漢人變成了羌族後，他們仍捨不得大禹這位北川人的精神堡壘。由另一方面來看，說大禹是羌族也不無道理。在漢代司馬遷寫的《史記》中，就有「禹興於西羌」的記載。後來，漢晉時代的中國人又說禹是「西夷之人」。後來漢人大多把「禹興於西羌」理解成大禹出生在西部邊陲，而不是將大禹當作是西方羌人。所以，如果當前羌族把大禹當作是羌族祖先是一種「歷史想像」，漢人忽略「禹興於西羌」之說，而將大禹當作是漢族祖先，何嘗不是一種「歷史想像」？

大禹到底是漢族還是羌族？對於有學問的羌族這倒不是問題──大禹是古老的羌族，古羌族是古漢族的主要部分，因此大禹是羌族也是漢族。問題倒在於，岷江上游與北川的幾個地方都有大禹遺跡，大禹究竟出生在何處？這個關係可大了。

若大禹出生在汶川，那麼汶川的羌族就是最正宗的羌族。如果大禹出生在北川，北川的羌族就成了羌族的核心。有趣的是，汶川與北川在過去也是本地區最漢化的兩個縣分。無論如何，有關「大禹故里」的爭論，就在汶川與北川兩地的羌族間展開。這就像是在南臺灣，兩個地方的人爭論鄭成功究竟在何處登陸一樣。雖然在羌族中這爭論不涉及供奉大禹的「香火錢」，但仍涉及一些國家重點觀光開發的地方利益。

顯然，目前北川是這場爭論的勝利者。這是由於北川比汶川更漢化，因此在北川有更多關於大禹的歷史記憶。這是由於北川羌族比汶川羌族更能熟讀及詮釋中國經典，因此能證明大禹出生在北川。更重要的是，北川比汶川富有，因此能支持一些有關大禹的學術與文化活動。在近十年間，北川縣政府重修大禹廟，建大禹紀念館，推動禹穴溝歷史文化觀光，發行各種有關「大禹故里」的錄影帶，組織大禹研究會，出版有關大禹

的史料與著作，並召開全國性大禹研討會。舉辦大禹研討會是一個關鍵。在地主的熱情招待下，與會學者幾乎都同意大禹出生於北川。北川主辦單位還延請大禹的子孫，一位姒姓的學者，來尋根探祖；這位大禹的後代子孫，也同意大禹出生在這兒。會議論文集的出版，象徵北川的勝利——所有的論文都證明大禹出生於北川。

　　對汶川的羌族來說，這實在是一個嚴重的挫折。為了解大禹在汶川的情形，我與一位汶川的文化幹部一起去訪問一位退休的小學老師。老人與文化幹部談起這事，無限感慨。以下是他們的一段對話：

　　　　老人：大禹的故事，我小的時候都以為是
　　　　　　　我們這兒的事。最近幾年，也就是
　　　　　　　開始過羌曆年開始，有關資料就錯
　　　　　　　認為是北川。我年輕的時候在茂縣
　　　　　　　讀書，我們的校歌上都是「名山耀

耀，大水潺潺，禹鄉⋯⋯。」我總認為大禹生在我們這兒，茂、汶、理三縣。我一個小學教師，我管這些做啥？人云亦云嘛。我說句真話，我這人愛說真話；後來都在開什麼研究會，省民委也開會。你也去開會了吧！

幹部：對！但這問題還沒得解決。我們汶川馬上就要成立大禹研究會。

老人：我對這問題沒有考查，但我自小讀書時，我是讀古書的，這兒就是大禹的故鄉。刳兒坪也在我們這兒；現在是偌個事呢？

　　或許您會覺得北川與汶川的人如此爭「歷史事實」有些可笑。或許您認為他們成立各種官方、民間文史研究團體，利用學術文化活動來建立本地人在本民族中的核心地位，是因為他們的歷史

知識與學術訓練不足。或許您對於北川人以本地豐厚的財力，來影響、導引學術研究感到不以為然。但是，仔細觀察發生在我們身邊的一些文化與學術活動，以及各種公私團體對特定文化與學術主題的獎勵與支持，以及頂尖學者們在各種認同下對於「歷史事實」的爭辯，我們可以體會羌族只是一面誠實的鏡子。

結語：漢、藏之間的羌族

　　羌族的歷史，是根據幾千年來中國人留下的資料，在近一百年來被學者們研究出來的。透過各種歷史文化書刊，及學校的歷史教科書，這些研究成果化為人們心中一些民族歷史知識。人們經常不懷疑「民族史」的真實性，特別是本民族的歷史。他們所懷疑、爭論的只是這歷史的枝枝節節。因為人們相信，民族在歷史中延續、奮鬥與衰亡；當今各民族都是歷史的產物。

　　當代羌族住在川西平原與青藏高原接壤的高山地區。他們有類似的經濟生活。本土語言雖然難以溝通，但語言學知識告訴我們，這是一種「羌語」下的各種方言。即使有些土著說的是「漢話」，信奉的是漢人的道教與佛教，或藏傳佛教，

這也可以理解為受「漢文化」或「藏文化」影響的結果。看起來，當代有一個客觀存在的「羌族」，這也是土著、漢人與外來學者都不懷疑的。因為人們相信，民族是有共同的領域、生活方式、語言與宗教文化的人群。

我們暫且拋開「客觀的」歷史與文化，進入土著自身「主觀的」世界來了解這個民族。由此觀點，讀者可以發現這「羌族」在五十年前並不存在。過去這兒的村寨土著大都沒有聽過「羌族」。他們的「我族認同」——爾瑪認同——主要是指一條溝中的人。我族，爾瑪，在「蠻子」與「漢人」的包圍之中。

在岷江上游地區，一處的「爾瑪」與另一處的「爾瑪」，大家互罵「蠻子」、「漢人」。這個例子，也可以讓我們懷疑古代「羌民族」的存在。近代的「羌族」地區不過只有臺灣大小，其族群認同已是如此之分歧。我們怎能相信，漢代魏晉時期分布在青藏高原東緣——由青海到雲南——

的廣大「羌族」，是一個其成員彼此認同的民族？的確，並沒有這樣一個「羌民族」在歷史中延續。「羌」只是中國人的一種異族想像。每一代的中國人都在想像，「西方哪些人不是我們華夏」。由商代到東漢時期，由於原來的西方羌人成為了「華夏」，這個想像中的「羌人」異族所在便愈來愈偏向西方去。終於，到了魏晉時所有青藏高原東緣的居民都被視為羌人了。

　　唐代以後，青藏高原東部邊緣的山間居民，不只是華夏或漢族的邊緣，也是吐蕃或藏族的邊緣。他們是中國與吐蕃兩股政治與文化勢力擴張下的產物。經過兩千年漢人的向西擴張，以及這期間稍晚吐蕃的向東擴張，在青藏高原的邊緣接近川西平原的地方，形成一批既「漢化」又「藏化」的山間村落居民。在二十世紀前五十年，在這兒沿著一條河從下游往上游，一地的人罵另一地的人「蠻子」。由上游往下游，一地的人罵另一地的人「爛漢人」。每一小地區的人，每一條山溝

中的人，都認為只有本地人才算是「人」。

當時也不存在一個共同的「羌族社會文化」。人們的文化、宗教、語言等，的確有或多或少的相同或相異。但過去當每一條溝的人都認為只有本溝的人才是「爾瑪」時，細微的生活習俗差異，便使得上游的人被他們稱作「蠻子」；同樣細微的差異，也使下游的人成為他們心目中的「漢人」。在狹隘的認同下，人們常忽略鄰近人群與自己的相同之處，而只看到或想像彼此相異的地方。甚至於，他們常刻意創造一些本土的標準語言、服飾與習俗，來區別「我們」與鄰近語言文化和自己極相似的「他們」；而這「他們」常是同一條溝中另一村寨的人。

在這樣的歷史與社會過程中，許多過去漢人心目中的「羌人」，他們的後代都成了漢人。半世紀以前，北川白草河與青片河流域「漢人」的處境與經驗，具體而微的透露了歷史上西方土著「漢化」成為「漢人」究竟是怎麼回事。我曾聆聽許

多學院儒士聚集一堂，討論中國人對於異族的包容，以及漢文化的寬大。他們說：華夏對於異族的態度一向是「夷狄入於華夏則華夏之」。也就是說，只要異族接受「漢文化」，就會被漢人接納而成為漢人。可惜，北川的土著，以及數千年來鄰近漢人的異族土著，日常所接觸的似乎都不是這些有學問有教養的漢人學者。在此華夏邊緣地區，土著在生活中所接觸的是罵他們「蠻子」的那些漢人；而罵別人「蠻子」的漢人，也被下游的漢人罵作「蠻子」。事實上是**一群人對鄰近人群的歧視、誇耀，與相對的模仿、攀附，推動整個「漢化」的過程。**

在近代民族主義下，中國進行的民族分類與民族識別，造就了漢族與五十五個少數民族。過去被罵「蠻子」的、被罵作「爛漢人」的，自稱是「漢人」的、自稱是「爾瑪」的，都成了驕傲的羌族。「古羌族是個很強大的民族，是古華夏的一部分，也是今天彝族、藏族與十多種西南少數

民族的祖先」——對於過去遺世獨立的山溝村寨居民來說，這是多麼值得驕傲的民族歷史。近二十年來，在少數民族優惠與利益之吸引下，許多北川「漢人」也變成了羌族。他們重新詮釋「走馬將軍」與「大禹」，以創造民族英雄與始祖。他們透過各種學術與文化活動，將本地塑造成為「大禹故里」，因此也讓本地羌族成為大禹的嫡傳後代。我並沒有嘲弄諷刺這些北川羌族的意思。反而我覺得，他們以一種爽直、幽默的方式，嘲弄、諷刺著我們一些與認同有關的學術文化活動。我也不願苛責中國大陸的民族分類、識別與相關民族政策。畢竟在當今世界上，由於對少數民族的優惠政策使得優勢民族也期望成為少數民族的例子並不多見。如今羌族民眾回想過去大家相互歧視「一截罵一截」的情況，都感到很不好意思。他們說，那都是因為過去沒有「知識」，不知道大家原來都是一個「民族」。若非對於人類族群認同有更好的藍圖與期許，我們又何必解構這樣的「知

識」，這樣的「民族認同」呢？

　　然而的確，少數民族仍是社會的、經濟的與政治的邊緣人群；無論在東方在西方，無論在資本主義或共產主義社會之中，都是如此。人類若要從各種「認同」中解放出來，我們既有的「歷史」與「民族」概念必須先受到質疑。如此我們才可能期望建立一個沒有國別、族別的資源共享體系。受限於本書的篇幅，我無法深入討論有關「歷史」與「民族」的一些理論問題；我也不願以一大堆專有名詞與生澀的邏輯來「污染」這本小書。我將另為想被污染的讀者，寫了一本有關羌族歷史與民族的書。若這本書動搖了您對於「民族」與「歷史」的既有概念，那麼我也達到寫這本書的目的了。

　　在這本書的最後我要說明，當代羌族的確是個偉大的民族。他們偉大之處在於，他們說明漢與藏之間原有一個模糊的邊緣地帶；只在近代民族主義之下，才有嚴格劃分的藏族、羌族、漢族

之別。「認同」，使得一個國族或族群的人都生活在各自的「溝」中。在這溝中，人們想像歷史，定義文化，以區別溝內與溝外的人，以及在溝內區別核心與邊緣人群，為的是維護與爭奪溝內外的資源。因此羌族偉大之處也在於：當我們捲在各種認同衝突之中，捲在與此有關的歷史與文化學術爭論之中時，羌族像是一面誠實的鏡子，讓我們照見自己的滑稽與荒謬。

參考書目

《北川羌族》編委會，《北川羌族》，北川：《北川羌族》編委會，2000。

《茂汶羌族自治縣概況》編寫組，《茂汶羌族自治縣概況》，成都：四川人民出版社，1985。

王明珂，《華夏邊緣——歷史記憶與族群認同》，臺北：允晨文化公司，1997。

王明珂，〈台灣與中國的歷史記憶與失憶〉，《歷史月刊》105 (1996): 34–40。

王明珂，〈華夏化的歷程：太伯傳說的考古與歷史學研究〉，《中國考古學與歷史學之整合研究》，臺北：中央研究院歷史語言研究所，1997。

王明珂，〈羌族婦女服飾：一個「民族化」過程的例子〉，《歷史語言研究所集刊》69.4 (1998): 841–

885。

王明珂，〈根基歷史——羌族的弟兄故事〉，《時間、歷史與記憶》，黃應貴主編，283–341，臺北：中央研究院民族學研究所，1999。

王明珂，〈女人、不潔與村寨認同：岷江上游的毒藥貓故事〉，《歷史語言研究所集刊》70.3 (1999): 699–738。

王明珂，〈食物、身體與族群邊界〉，《第六屆中國飲食文化學術研討會論文集》，47–67，臺北：中國飲食文化基金會出版，2000。

王明珂，〈陸上台灣：黑水的過去與近況〉，《歷史月刊》141 (1999): 4–10。

王明珂，〈羌族：玉皇、上帝與木比塔的子民〉，《歷史月刊》145 (2000): 4–11。

王康、李鑒蹤、汪青玉，《神秘的白石崇拜：羌族的信仰與禮俗》，成都：四川人民出版社，1992。

冉光榮、李紹明、周錫銀，《羌族史》，成都：四川人民出版社，1984。

北川縣政協文史委、北川縣政府民宗委編,《羌族民間長詩選》,北川:北川縣政協文史委、北川縣政府民宗委,1994。

北川縣政協文史資料委員會編,《北川羌族資料選集》,北川:北川縣政協委員會,1991。

司馬遷,《史記》,正史全文標校讀本,臺北:鼎文書局,1979。

四川省大禹研究會編,《大禹研究文集》,北川:四川省大禹研究會,1991。

四川省編輯組,《羌族社會歷史調查》,成都:四川省社會科學院出版社,1986。

任乃強,《羌族源流探索》,重慶:重慶出版社,1984。

李明主編,《羌族文學史》,成都:四川民族出版社,1994。

沈松僑,〈我以我血薦軒轅:黃帝神話與晚清的國族建構〉,《台灣社會研究季刊》28 (1997): 1–77。

汶川縣地方志編撰委員會,《汶川縣志》,成都:四

川省民族出版社，1992。

胡鑑民，〈羌族的信仰與習為〉，《邊疆研究論叢》，
　　1944。

范曄，《後漢書》，正史全文標校讀本，臺北：鼎文
　　書局，1979。

孫宏開，〈試論「邛籠」文化與羌語支語言〉，《民族
　　研究》 2 (1986): 53–61。

常璩，《華陽國志》，臺北：臺灣商務印書館，1979。

陳志良 ，〈禹與四川的關係〉，《說文月刊》 3.9
　　(1943): 33–42。

陳壽，《三國志》，正史全文標校讀本，臺北：鼎文
　　書局，1979。

鄭文澤編，《羌族民間故事集》，北京：中國民間文
　　藝出版社，1988。

盧丁、工藤元男主編，《羌族歷史文化研究》，成都：
　　四川人民出版社，2000。

顧頡剛，〈從古籍中探索我國的西部民族──羌族〉，
　　《科學戰線》1 (1980): 117–152。

Graham, David Crockett. *The Customs and Religion of the Ch'iang.* City of Washington: The Smithsonian Institution, 1958.

Hobsbawm, Eric & Terence Ranger ed. *The Invention of Tradition.* Cambridge: Cambridge University Press, 1983.

Torrance, Thomas. *The History, Customs and* Religion of *the Ch'iang.* Shanghai: Shanghai Mercury Press, 1920.

Torrance, Thomas. *China's First Missionaries: Ancient Israelites.* London: Thynne & Co., Ltd, 1937.

Wang, Ming-ke. "From the Qiang Barbarians to Qiang Nationality: The Making of a New Chinese Boundary." In *Imagining China: Regional Division and National Unity.* Ed. by Shu-min Huang & Cheng-kuang Hsu. Taipei: Institute of Ethnology, 1999.

文明叢書 02

粥的歷史

陳元朋／著

一碗粥，可能是都會男女的時髦夜點，也可能是異國遊子的依依鄉愁；可以讓窮人裹腹、豪門鬥富，也可以是文人的清雅珍味、養生良品。一碗粥裡面有多少的歷史？喝粥，純粹是為口腹之慾，或是文化的投射？粥之清是味道上的淡薄，還是心境上的淡泊？吃粥的養生之道何在？看小小一碗粥裡藏有多大的學問。

文明叢書 04

慈悲清淨——佛教與中古社會生活

劉淑芬／著

本書描繪中國中古時期（三至十世紀）在佛教強烈影響之下，人民生活的各個層面。雖然佛教對日常生活有相當的制約，但佛教寺院和節日，也是當時人們最重要的節慶和娛樂。佛教的福田思想，更使朝廷將官方救濟貧病的社會工作委託寺院與僧人經營。本書將帶您走入中古社會的佛教世界，探訪這一道當時百姓心中的聖潔曙光。

文明叢書 06

公主之死——你所不知道的中國法律史

李貞德／著

丈夫不忠、家庭暴力、流產傷逝——這是西元第六世紀一位鮮卑公主的故事。有人怪她自作自受，有人為她打抱不平；有人以三從四德的倫理定位她的角色，有人以姊妹情誼的心思為她伸張正義。他們都訴諸法律，但影響法律的因素太多，不是人人都掌握得了。在高倡兩性平權的今日，且讓我們看看千百年來，女性的境遇與努力。

國家圖書館出版品預行編目資料

蠻子、漢人與羌族／王明珂著.－－三版三刷.－－臺
北市：三民，2024
面；　公分.－－（文明叢書）

ISBN 978-957-14-7020-7　（平裝）
1. 羌族 2. 民族史

536.2834　　　　　　　　　　　　　　109017842

文明叢書

蠻子、漢人與羌族

作　　　者	王明珂
總 策 劃	杜正勝
執行編委	林富士
編輯委員	王汎森　呂妙芬　李建民　李貞德
	陳正國　單德興　康　樂　張　珣
	鄧育仁　鄭毓瑜　謝國興
創 辦 人	劉振強
發 行 人	劉仲傑
出 版 者	🔗三民書局股份有限公司 (成立於 1953 年)

三民網路書店
https://www.sanmin.com.tw

地　　　址	臺北市復興北路 386 號　　（復北門市）　(02)2500–6600
	臺北市重慶南路一段 61 號 (重南門市)　(02)2361–7511
出版日期	初版一刷 2001 年 11 月
	二版一刷 2016 年 4 月
	三版一刷 2021 年 1 月
	三版三刷 2024 年 8 月
書籍編號	S530130
I S B N	978-957-14-7020-7